考拉旅行　乐游全球

说走就走的旅行 有我，就是这么简单！ 一书在手，畅游无忧

SOUTHEAST ASIA GUIDE

畅游东南亚就这本超棒！

总策划 黄金山
《畅游东南亚》编辑部 编著

華夏出版社
HUAXIA PUBLISHING HOUSE

目录 CONTENTS

畅游东南亚 SOUTHEAST ASIA

VICTORIA MEMORIAL HALL

12 文莱 139

13 菲律宾·马尼拉 145

出游需要个好帮手

《畅游世界》系列图书即将付梓，编者嘱我写序。我曾经从事旅游出版工作十余年，对旅游图书有些感觉，在这里谈一点感言，权作交差吧。

人生数十载，不外乎上学、工作、生活三部分内容。上学和工作乐趣不多，压力不少；只有生活（上学和工作之外）能够品尝出些许味道。而这其中，最有意思、最令人向往、最能给人带来欢乐与回味的生活方式便是旅游，尤其对于当今生活节奏快、成本高，工作压力大、收入低，人口密度高、服务差，整天像牛马一样机械地干活的都市人来说，旅游是一副综合的良药，虽不能说包治百病，却是良效多多。记得哲人歌德说过："大自然是一部伟大的书。"而旅游就是阅读这部大书最为轻松愉悦的方式。一次短暂的旅游，可以使心灵得到长时间的安宁与抚慰；一次遥远的旅游，可以领悟人生的坎坷，体验生命的精彩；一次艰辛的旅游，留下的是难忘的记忆；一次快乐的旅游，带来的更是值得珍藏的财富。总之，旅游陶冶人的情操，愉悦人的身心，给人的生活带来无尽的希望与力量。

一次成功的旅游，需要做好三个阶段的工作：行前准备、途中指引、归来总结，而一本好的旅游指南书都能帮您搞定。虽然说现今的网络发达时代，利用各种固定的、移动的电子设备，可以查询相关旅游信息，方便快捷，但我对这些东西其实并不感冒，起码目前是这样，因为网上的信息东拼西凑、复制粘贴的太多，新兴的数字出版领域从行规建设、人员素质、质量控制等等诸多方面，要比已经发展了近百年的传统纸质图书行业稀松得多，可信度自然也就大打了折扣。数字出版物要想俘住广大读者的心，还有很长的路要走。所以，我建议出游的人们目前携带一本精要实用的纸质旅游指南书，还是明智的选择。

书店的旅游指南销售柜台已经摆满了花花绿绿的多家产品，各有优劣，读者尽可随意挑选。如果要我做个推荐，我自然要首推华夏出版社的“华夏行者——《畅游世界》”系列。这是一套为旅游爱好者量身定制的旅游指南书，通篇贯穿着一个宗旨，那就是让旅游者“畅”，食住行游购娱一路顺畅，惊喜快乐。书中对目的地的地理、气候、人文、区划、交通等作了详尽的介绍，还对当地的旅游热点、风味美食、平民餐馆、伴手好礼以及购物佳地等都进行了精选归纳和说明，最重要的还是本书精心设计的几天几夜游，它对于那些没时间计划或不会计划的忙人或懒人来说，很是管用，让您无需计划，拎起本书即可坦然上路。至于它是否具备优秀旅游指南的各项要素，诸如全面性、准确性、实用性、针对性、时效性、美观性等等，我便不再废话，说多了有“王婆卖瓜，自卖自夸”嫌疑，读者用过了，自然便有了答案。

仁者乐山，智者乐水。对于热爱生活的人们来说，旅游的步伐，从来都是风雨无阻，愿携带《畅游东南亚》出行的人们，畅来畅往，快乐安康。

华夏出版社社长、总编辑

LOOK!东南亚!

1 概况

东南亚地区是世界上人口比较稠密的地区之一，同时也是华裔侨民最集中的地区之一。东南亚生活着数以百计的珍稀动植物，还有众多人文古迹，是首屈一指的旅游胜地。在这个多种文化交融的地方既有中华式的祠堂，也有印度风格的佛教寺庙，伊斯兰清真寺和基督教堂也是随处可见。古老的吴哥窟是古典文明的象征，而马来西亚高大的双子塔则是现代文明的代表作。此外，东南亚作为世界知名的度假胜地，既有众多充满浪漫风情的海滩，也有令人垂涎三尺的各式美味佳肴。

2 地理

东南亚位于亚欧大陆的南端，由中南半岛和马来群岛组成，以中国、印度、孟加拉国的国界线作为区域分界线，总面积约457万平方公里，共由11个国家组成。东南亚主要位于赤道和亚热带地区，气候湿润，保存了大面积的天然雨林。东南亚的岛屿众多，海岸线漫长，著名的马六甲海峡就位于此，全长4880公里的湄公河是区域的第一大河，最高峰则是位于缅甸的开卡博峰，海拔5881米。

3 气候

东南亚地区位于亚洲纬度最低的赤道部分，其地域广阔，是太平洋与印度洋的交汇处，拥有赤道多雨气候和热带季风气候两种类型，全年高温多雨，气候湿热。

4 区划

东南亚地区有越南、老挝、柬埔寨、泰国、缅甸、马来西亚、新加坡、印度尼西亚、文莱、菲律宾、东帝汶共11个国家。

5 人口

东南亚地区约有人口6亿。

东南亚面孔！

NO.1 热带雨林

东南亚地区位于热带，这里气候湿热，因此是热带雨林生长的大好区域。在东南亚地区，几乎每个国家都拥有大片的热带雨林，这些雨林有很多都有上万年的历史，不光风景优美，同时在这些雨林中还生活着不少珍稀动物，在生物学上具有重要的意义。所以各国都相继成立了国家公园，用以保护这些已经相当罕见的自然宝藏。在这些国家公园内，无一不拥有高山、峡谷、绿树、瀑布，让人们深切地感受到热带雨林中那难以用语言描述的美丽。

NO.2 佛教文化

东南亚地区是著名的佛国集中地，无论泰国、缅甸还是老挝、柬埔寨等，都以佛教作为最重要的宗教信仰。泰国的寺、缅甸的塔在世界上都是极为著名的，都是各自国家的标志。其中缅甸的仰光大金塔、柬埔寨的吴哥窟、印度尼西亚的婆罗浮屠更是被誉为东南亚地区三大古迹，是全世界都瞩目的地方。每当来到东南亚地区各国家，街上随处都能见到身着袈裟的僧侣和持香膜拜的佛教教徒，这深厚的文化早已融进了人们的生活之中，让外来的游客们也不自觉地生出对佛祖的敬畏之心。

NO.3 历史建筑

东南亚地区各国都是历史悠久的文明古国，这里地处印度和中国两大文明的交会处，因此深受这两个国家的影响。在泰国、缅甸、越南等国都能看到融汇了印度和中国两种文化的历史建筑，此外还有各式印度教庙宇等。其中最著名的要数华人在这里修建的大量中式建筑，它们都是华人们在东南亚的奋斗史的展示，具有极为重要的历史意义。此外，东南亚各国还历经了被欧洲殖民者殖民的过程，他们在这里也遗存了自己风格的建筑，这些建筑如今都是十分吸引眼球的旅游景点。

NO.4 度假胜地

东南亚地区一直都是闻名世界的度假胜地，这里濒临太平洋和印度洋，拥有极为丰富的海滨资源。尤其是像菲律宾、印度尼西亚这样的岛国，拥有漫长的沙滩和景色旖旎的小岛，人们在这里可以享受冲浪、潜水、日光浴等，还能登上各个保持了原始自然风貌的小岛体验一下和大自然亲密接触的感觉。如果是在泰国、菲律宾这样的旅游胜地，还能去体验一下当地原住民的风土人情，或是欣赏传统艺术表演，一定能让每个人都觉得十分充实。

NO.5 马六甲海峡

提到东南亚地区就不能不提到马六甲海峡，这里是太平洋与印度洋的分界线，自古以来就是连接东南亚地区和南亚次大陆的咽喉要道。这里水流平缓，风平浪静，是行船的最好区域，因此古代很多来自中国、印度和一些阿拉伯国家的商船都要经过这里。到了16世纪，葡萄牙航海家发现了这条黄金水域，随后来自欧洲的船只陆续往来这里，使得马六甲海峡成为不亚于苏伊士运河的繁华水道。如今马六甲海峡依然发挥着它门户的作用，来自世界各地的物资从这里陆陆续续地运往各地。

NO.6 东南亚美食

东南亚的美食在世界上可以说是独具特色，这里结合了中国和印度等国家的食物特色，并且利用这里临海的物产优势，做出了味道独特的知名料理。其中最著名的要数泰国菜，泰国菜以让人难忘的酸味驰名世界，特别是使用虾酱、鱼露等特色调味料调制出来的海鲜菜肴更是鲜美无比。除了泰国菜，菲律宾、印度尼西亚等国的海鲜料理也颇具特色，各种鱼虾在当地大厨精湛的厨艺之下成为色香味俱全的菜肴，让人垂涎欲滴。

NO.7 泰国人妖表演

提到泰国旅游，人妖表演是绝对不会被绕过的一个话题，这是只有泰国才有的特殊表演，堪称泰国旅游的标志之一。在泰国很多旅游大城市，如曼谷、芭堤雅等地，能看到很多人妖表演场所，每天都有无数海外游客到这里来，怀着好奇和猎奇的心理观看这种表演。但是，很快他们就会发现这种表演其实十分高雅，人妖表演以各种泰国传统舞蹈和现代热舞为主，其中还融合了泰国的佛教文化，出色的舞蹈和多彩的声光效果将游客原本的猎奇感受一扫而光，使他们很快就沉浸到美妙的表演中去。如今，人妖表演早就走出了泰国，走向全世界，成为一种雅俗共赏的表演项目。

NO.8 新加坡鱼尾狮

鱼尾狮是新加坡的标志，新加坡旅游局在1966年将之注册为商标，并由新加坡著名雕塑家林南制作成石制雕塑。新加坡的鱼尾狮雕塑高8米，重40吨，雕塑的狮头代表新加坡的开拓者发现了狮子而建设城市的传说，这也是新加坡别称狮城的由来。而鱼尾则象征着新加坡是从一个渔村发展而来的。如今这座雕像已经成为每个人来新加坡必看的标志性景物，见证着数十年来新加坡的不断发展。

NO.9 泰拳

泰拳是泰国的传统武术项目，迄今已经有500多年的历史了。这种拳术风格凶狠毒辣，充分发挥了泰国人动作快速灵活的特点，结合实战经验，多利用手肘、膝盖等部位进行攻击，讲究一击必杀，杀伤力极大。不过近年来，随着泰拳在世界范围的传播，它再也不是以前那种要致人死命的可怕武术，而是成为人们瘦身、健身和防身的技巧。在杀伤力大为减弱的同时，人们利用它活动量大和高热量消耗来取代常见的有氧健身操，成为人们在健身方面的新宠。如今在泰国随处都能见到大大小小的泰拳馆，里面不光有男学员，还有不少女学员和小孩以及外国人，正因为如此，才使得泰拳逐渐走向世界，成为广泛传播的体育项目。

NO.10 大象

由于泰国位于炎热的东南亚地区，这里盛产亚洲象。在泰国人的心目中，大象是他们最好的朋友与助手，是泰国的国宝。早在古代，大象就是泰国人心中吉祥、胜利、昌盛的标志，泰国人曾经训练大象作为战士冲锋陷阵，立下过赫赫战功。因此在泰国各地都能看到大象的纪念塔，表示人们对这种巨大动物的感谢。如今大象作为泰国旅游一个必不可少的部分而闻名世界。在泰国，人们能看到各种惊险刺激的大象表演，还能到大象训练学校和大象们做亲密接触，或是骑着大象深入丛林中冒险，体验大象给人们带来的快乐。每到传统节日，大象游街更是最常见的表演项目。届时憨厚的大象身上穿金戴银，华丽非常，据说这样就能给人们带来吉祥如意，风调雨顺。

TIPS！东南亚！

1 如何办理赴东南亚各国旅游观光手续及注意事项

东南亚地区国家众多，中国公民前往各国旅游申请签证具体办理手续如下：

2 新加坡

中国公民申请去新加坡旅游签证需准备：1. 有效护照：有效期应在6个月以上（从出国日期开始计算），并至少有一张空白签证页，同时提交护照照片页复印件。2. 签证申请表：用英文填写完整，并有申请者亲笔签名。申请表格可在新加坡移民与关卡局官方网站下载。3. 照片：2 张（一张贴在表格上，另一张供扫描用）。照片应符合下列要求：3 个月内的近照；正面免冠（如按特殊宗教或风俗要求戴帽或配饰，帽子或配饰不得掩盖申请者面部特征）；面部尺寸为25 毫米宽、35 毫米高。4. 在职证明：申请人若为在职员工，必须提供由就职公司出具的在职证明信原件一份。证明信中需注明公司同意其休假，并详细注明申请者在该公司的任职时间、职务及工资。在职证明信中必须列有公司及有关联系人的地址、电话和传真号码。信函加盖公章。5. 财力证明：申请人若无工作，则必须提供证明其个人经济状况的文件，如银行存款证明、房产证等。6. 户口簿：申请者户口簿全本原件及复印件。如为集体户口，可在公安局办理户籍证明，并提供原件及复印件。递交时间：周一至周五8:30~11:30；领取时间：周一至周五16:00~16:30；签证办理时间：3 个工作日。 签证有效期：5 周，从递交签证材料日起生效。此时间指自签证批准至入境新加坡的最长时间，与在新加坡停留的时间无关。在出发前1~2 周申请签证为宜，若因过早申请导致签证过期则必须重新办理。

停留时间最长30 天，实际期限在入境时由移民与关卡局官员决定。签证费人民币153 元，不退还，不找零。申请人有可能在申请被批准前要求缴纳人民币5100 元/ 人的担保金。

注意事项：1. 不可以以商务、探亲访友等其他目的申请个人旅游签证。2.申请团体旅游签证，只要严格按照旅行团的要求行事即可。如果申请个人旅游签证，则需要亲自办理签证手续，并准备必备材料。3. 在办理赴新加坡签证之前，最好致电新加坡驻华使领馆或通过其网页了解办证要求，咨询办理签证的最佳程序，以便迅速、便捷地获取签证。4. 网上申请签证：可通过新加坡移民与关卡局网站SAVE 申请。5. 多次往返签证：北京、上海、广州、深圳、杭州、南京、苏州、成都、昆明、厦门、大连、沈阳、天津、西安和福州这15个城市的居民（以护照签发地为准），可以申请赴新加坡2年多次往返的签证。申请者递交相关材料，并通过新加坡使/ 领馆的批准后，2 个工作日就可以拿到新加坡2年多次往返的签证。费用是人民币400 元。

新加坡驻华使馆：北京市建国门外秀水北街1 号，电话：010-65321115

驻上海领事馆：上海市万山路89 号，电话：021-62785566

驻广州领事馆：广东省广州市天河北路233 号中信广场办公楼2418 室，电话：020-38912345

驻厦门领事馆：福建省厦门市厦禾路189 号银行中心05-07/08 室，电话：0592-2684691

驻成都领事馆：四川省成都市锦江区人民南路二段1 号仁恒置地广场写字楼30-01，电话：028-86527222

出入境须知

出入中国边防及在新加坡入境时，要持护照排队，依次办理相关手续。在办理登机手续时，航空公司会按国际惯例以客人姓名的英文字母顺序发放登机牌，如果需要调整座位，可以在其他乘客全部坐好后自行请空姐协助调换。

出入境时，一定要据实申报携带的行李物品，不得走私、漏税，携带违禁物品或超过限量。出境时，中国海关规定每名出国游客最多可随身携带等值5000美金的现金。另外，像摄像机和变焦照相机这样的东西，海关规定也必须申报。

在抵达新加坡机场之后，要办理检疫和入境手续。入境时，要向入境检察员出示在飞机上填写的出入境卡片和护照。护照被盖上可允许停留14日以内的印章，并将入境卡的另一半返还之后，入境手续就算办完了。在接受入境检察员的询问时，你会被要求出示新加坡出境的机票，并询问入境目的、停留时间，只要如实回答就能通过。

3 马来西亚

中国公民申请去马来西亚旅游签证需准备剩余有效期超过6个月的个人护照，至少留有两页空白签证页；2寸个人近期证件照1张（彩色）；在签证处柜台领取签证申请表以及申请登记表各一张，现场填写并粘贴照片；手续费人民币80元。如果持有中国至第三国签证的游客需要通过马来西亚机场转机，则无须申请马来西亚签证。

马来西亚驻北京大使馆：北京市朝阳区三里屯亮马桥北街2号，电话：010-65322531，010-65322532

北京马来西亚签证中心：北京市朝阳区麦子店西街37号盛福大厦一层

马来西亚驻上海总领事馆：上海市长宁区红宝石路500号东银大厦B栋9层01、04室，电话：021-60900360

马来西亚驻广州总领事馆：广州市天河北路233号中心广场商业大楼19楼15-18室，电话：020-87395660

马来西亚驻昆明总领事馆：昆明市东风东路29号樱花酒店401～405室，电话：0871-3115503

出入境须知

中国游客赴马来西亚旅游入境时一定要据实申报所携带行李物品，不得走私、漏税、携带违禁物品或超过限量。中国海关规定每名出国游客最多可随身携带等值5000美元的现金。根据国际惯例，马来西亚的边检部门有权审查进入该国境内的旅客，如拒绝旅客入境也不需说明理由。中国游客如果在马来西亚入境时受阻，可选择向机场边防如实说明入境或过境事由，了解受阻原因。如果语言不通可以要求对方提供翻译，在无法解决的时候可以联系我国驻马来西亚大使馆，但一定要注意不要在看不懂的文书上签字。

4 印度尼西亚

中国公民申请去印度尼西亚旅游签证需准备剩余有效期在6个月以上的个人护照；2寸白底彩色近照3张；身份证正反面复印件各2份；使用单位正规抬头纸打印,加盖公司红章，中英文的在职证明一式两份；签证费人民币285元。此外，中国游客如持有第三国签证可直接在巴厘岛入境办理落地签，在巴厘岛登巴萨机场凭有效护照和往返机票在visa on arrival窗口即可办理，允许停留30天，价格25美元。

5 泰国

中国公民申请去泰国旅游签证需准备剩余有效期在6个月以上的个人护照及复印件；2寸彩色照片2张；本人签名的旅游签证申请表2份；不少于1万元人民币，有效期在6个月以上的定期存款证明或存折复印件，或3万元以上人民币的活期存款证明，如果一家人申请泰国旅游签证，可以共用一份存款证明或存折复印件，此外还需要提供结婚证复印件、出生证明复印件或户口簿复印件；申请者本人单位或街道办事处的英文担保信原件一份；已确认的往返机票，以及该票的复印件一份；证件费用230元。

泰王国驻北京大使馆：北京市朝阳区光华路40号，电话：010-65321848、65321980、65322151

泰王国驻上海领事馆：上海市威海路567号晶采世纪大厦15楼，电话：021-62883030

泰王国驻广州领事馆：广东省广州市环市东路368号花园酒店2层M07房，电话：020-83858988

泰王国驻昆明领事馆：云南省昆明市东风东路52号昆明饭店，电话：0871-3168916、3149296、3138888转2204或2206

出入境注意事项

游客在抵达泰国之前，需要先填写海关申报表和出入境卡，申报携带的物品和外汇数额。需要特别注意的是海关申报表和出入境卡都要求用英文填写，姓名的第一个字母注意要大写。

泰国法律严禁盗版商品入境，注意不要随身携带盗版软件和图书，即使是合法的图书、软件、CD也只能每人限带一份。如果游客在泰国购买体积较大的佛像、古董、艺术品需要事先取得输出许可证明，在离境时交给海关检查，否则禁止出境。

在泰国购买的一般商品可在离境时申请退还7%的增值税，泰国规定同一天在同一处购买超过2000泰铢以上，且标有“VAT Refund For Tourists”字样的商品，可以向商家索取退税表格和商品收据。游客持同一护照在泰国累计购物超过5000泰铢以上，就可以凭这些购物表格在机场内离境大厅的窗口申请办理退税，退税时需出示所购商品，并收取100泰铢退税办理费。

6 文莱

适用于从中国(包括港澳地区)或其他国家和地区出发的中国护照持有人。签证申请需备齐材料后，通过文莱驻华使领馆办理。

办理旅游签证所需材料：1.填写完毕的签证申请表(也可从大使馆或领馆内获取申请表)；2.一张两寸照片(无背景要求)；3.六个月以上有效期的护照原件及首页复印件，至少两张签证白页；4.文莱酒店订单(已付款)或文莱亲友邀请函及其护照复印件；5.往返机票订单；6.申请人的银行存款证明，三万以上并冻结6个月；7.签证费100元每人。将准备好的材料送往文莱驻华使领馆，文莱分别在北京设立了大使馆，香港设立了领事馆，送签办公时间为周一至周五9:30~12:00，均受理全国因私护照的签证申请，请就近选择。可以授权委托他人递交所有材料，但是不接受邮寄。委托他人需要有委托书，大使馆不提供委托书的具体格式。出签日期一般为3个工作日，周一至周五14:30~15:30可取签，请以使馆或领馆出具的收据上的时间为准，按时前往领取护照及签证。

7 菲律宾

中国公民申请去菲律宾旅游签证需准备剩余有效期在6个月以上的个人护照；末页必须有持证人亲笔签名（不能用铅笔）；至少留有两页空白签证页（不是备注页）；如有旧护照请一并提供。照片：半年内拍摄的2寸(3.5cmx4.5cm)白底彩照2张(照片背面签字)；个人资料表：提供真实完整的个人资料，签证申请表下载地址为 http://foreign.cws.net.cn/down/qxh2009831163037957.pdf。个人存款证明或英文在职证明（两者选一）：A、必须提供余额在人民币一万元以上且存入期在半年以上的银行出具的存款证明原件B、北京领区内的在职证明。在职证明中必须包含公司抬头，加盖公司公章或人事章，有公司负责人亲笔签名。公司负责人可以是法人代表、总经理、部门主管或人事主管。正文内容必须包含的事项请参照模板。往返机票或行程单复印件。费用：一次入境签证，250元人民币，30天期限；三个月内多次入境签证，500元人民币；六个月内多次入境签证，1000元人民币；如需加急，加急费250元人民币。办理时间：签证受理时间为周一至周五上午 9:00~12:00；签证领取时间为周一至周五下午13:00~16:00；签证处理不超过3个工作日（包括申请日在内）。

菲律宾驻华大使馆

地址：北京建国门外秀水北街23号

电话：010-65321872

邮箱：main@philembassy-china.org

菲律宾驻上海总领事

地址：上海市延安西路1160号首信银都广场301室

电话：021-62798337

邮箱：pcg@philcongenshanghai.org

菲律宾驻厦门总领事

地址：福建省厦门市联华区岭巷里2号

电话：0592-5130355

邮箱：phxm@public.xm.fj.cn

菲律宾驻广州总领事

地址：广州市环市东路339号广东国际大酒店主楼7楼709-711房

电话：020-83311461

邮箱：gzphcggz@public1.guangzhou.gd.cn

菲律宾驻香港总领事

地址：香港皇后大道95号联合中心大厦6层602房间

电话：00852-28238500

邮箱：pcg@philcongen-hk.com

菲律宾驻重庆总领事馆

地址：重庆市渝中区邹容路68号大都会商厦2903-05

电话：023-63810832
邮箱：chongqingpcg@gmail.com

菲律宾驻澳门总领事馆
地址：澳门商业大马路友邦广场14楼
电话：00853-28757111
邮箱：pc.macau@dfa.gov.ph

中国驻菲律宾使馆
地址：1235 Acacia Street, Dasmarinas Village, Makati City, Metro Manila Republic of the Philippines (Front Gate) 4896 Pasay Road, Dasmarinas Village Makati City, Metro Manila， Republic of the Philippines
电话：0063-2-8443148

中国驻宿务总领馆
地址：Cebu Memorial Foundation Compound Don Julio Llorrente Street, Barangay Capital Site, Cebu City，Republic of the Philippines
电话：0063-32-2563455

8 越南

中国公民申请去越南旅游签证需准备剩余有效期在6个月以上的个人护照；2张2寸彩色照片；签证申请表；费用为人民币350元。

越南驻中国大使馆：北京市朝阳区光华路32号，电话：010-65321155。

9 柬埔寨

中国公民申请去柬埔寨旅游签证需准备剩余有效期在6个月以上的个人护照；2张2寸彩色照；个人身份证复印件；如实填写申请签证资料表，并本人亲笔签字。确保联系电话畅通便于领馆联系；出示在职证明。12岁以下儿童免签证费，但儿童不能单独送签。停留期30天，有效期90天；受理时间：3~15个工作日（最快3个工作日）；费用310元；网上申请E-Visa，网址：http://evisa.mfaic.gov.kh/，28美元，1~2个工作日。办理前须具备：有效护照、有美元帐户的VISA/MasterCard信用卡、电子版的白/蓝色背景照片，大小小于1MB，注意图片格式。

柬埔寨王国驻华人使馆
地址：北京市东直门外大街9号
电话：010-65321889

驻上海领事馆
地址：上海市天目中路267号蓝宝石大厦12楼A座
电话：021-51015866

驻广州领事馆
地址：广州市环市东路368号花园大厦8楼
电话：020-83338999

驻南宁领事馆
地址：南宁市中国-东盟商务区桂花路16-6号
电话：0771-5672358

驻重庆领事馆
地址：重庆市北部新区新南路264号水晶国际8楼804-805房
电话：023-63113666

驻昆明领事馆
地址：昆明市新迎路172号官房大酒店4楼
电话：0871-3317320

中国驻柬埔寨大使馆
地址：No.156,Blvd Mao Tsetung,Phnom Penh,Cambodia
使馆传真：00855-23-364738
网址：http://kh.china-embassy.org
邮箱：chinaemb_kh@mfa.gov.cn

10 老挝

中国公民申请去老挝旅游签证需准备剩余有效期在6个月以上的个人护照；2张2寸彩色照片；签证申请表填写2张，用英文大写填写；身份证正反面复印件、护照首页复印件。

国内申请：老挝驻中华人民共和国大使馆（地址：北京三里屯东4街11号,电话：010-65321224、65326748）和老挝驻昆明领事馆（地址：昆明市官渡区彩云北路6800号，世纪金源大酒店旁，暂无电话）；签证费用：3个工作日取130元，加急第二天取260元，当天4个小时后取是310元，节假日取要再加50元。过境的时候还要办理一个国际健康证,1年有效的要140元，一次性的要80元。落地签证：更方便，持中国护照的旅游者可在万象、琅勃拉邦和Pakse国际机场，或者从中国、泰国或越南陆地各个口岸过境，交US$20和两张照片可以取得为期15天的落地签证。不过，周末或午休时间可能加收2美元。提醒：也可以考虑在淘宝找旅行社代理办理签证，出签快而且价格低。

11 缅甸

赴缅甸旅游需事先前往缅甸驻中国大使馆或驻昆明总领馆办妥缅甸签证。旅游签证三个月内有效，可停留期限一般为28天，不可延期。办理时间为5个工作日，费用约180元。需要携带半年以上有效的护照原件、2寸照片3张及盖有公章的在职证明。护照：有效期在半年以上的因私护照，请在护照最后一页签名(中文姓名)，持换发护照者，需同时提供所有旧护照原件；照片：2寸白底彩色近照3张，照片尺寸要求3.5cm×4.5cm；身份证：如是旧身份证请用A4纸复印2份，如是新换发的身份证请用A4纸复印正反两面各2份。

缅甸驻中国大使馆

地址：北京市东直门外大街6号

电话：010-65321488

电子邮件：info@myanmarembassy.com

缅甸驻昆明总领事馆

地址：昆明市彩云北路6800

电话：0871-8162806

中国驻缅甸大使馆

地址：1 Pyidaungsu Yeiktha Road,Yangon

电话：00951-221280

中国驻曼德勒总领事馆

电话：00952-34457

12 旅行生活常识

东南亚地区由于地处赤道附近，常年潮湿多雨，夏季气候湿热，尤其每年3~5月靠近赤道国家的气温可高达40摄氏度，游客需要准备太阳镜、防晒霜、遮阳伞等，并注意饮水，防止中暑，在热带雨林等地观光需要注意准备防止蚊虫叮咬的药物。

人民币在东南亚各国虽然不属于流通货币，但游客在东南亚几个主要旅游国家的各大城市和热门旅游度假地的商店和ATM机可直接使用中国银联卡刷卡消费和支取现金，中国银联会直接将当地货币兑换成人民币，并不收取外币兑换手续费，非常方便。

由于东南亚地区国家大多属于佛教国家，游客需要注意不论大小、是否残缺，任何佛像都是神圣不可侵犯的，不要对佛像做出任何不敬的行为，如果带小孩同行，切忌让小孩去攀爬佛像。在进入当地寺庙观光前要注意衣着整齐、端庄，穿有领子的衬衣，最好不要穿短裤，更不要裸露上身。如果有信奉佛教的游客需要奉献财物，可以请同行的男性转交，或者直接放在桌子上。在柬埔寨、泰国、文莱等君主制国家，由于当地人民对王室非常尊敬，也要注意不要在公共场合发表对王室不敬的言论。如进入泰国大皇宫观光，女士必须穿长裤或长裙及有袖衬衫，男士必须穿有领上装，均不准穿拖鞋。

在东南亚地区很多国家，支付小费是一种礼仪和习俗，游客在酒吧、餐厅、酒店用餐和乘坐出租车时可以根据对方服务质量给予小费，但要注意不要用硬币付小费，因为在部分国家的习俗中，硬币是施舍给乞丐的。

GO!东南亚交通！

1 航空

新加坡樟宜国际机场（新加坡）：樟宜国际机场是东南亚地区最大的机场之一，中国大陆游客从北京、广州、上海等城市乘直达航班可到，也可从马来西亚吉隆坡乘每小时一班飞往新加坡的穿梭航班，非常便利。

河内国际机场（越南）：越南河内国际机场是越南主要的航空交通枢纽，中国大陆游客可从北京、上海、广州、昆明乘航班飞往河内，也可在河内机场转乘飞往越南国内胡志明市、岘港、顺化、芽庄等主要城市的航班。

金边国际机场（柬埔寨）：金边国际机场离境要支付25美元的离境税，中国大陆游客可从北京、上海、广州乘直飞金边的航班。

万象国际机场（老挝）：万象国际机场离境税10美元包含在机票价格中，不需要在机场另行支付，中国大陆游客可从昆明乘直达航班前往万象。

仰光国际机场（缅甸）：中国游客可从昆明、香港乘直达航班飞往仰光国际机场，或从吉隆坡、新加坡、清迈等东南亚城市乘航班前往。

曼谷素万那普国际机场（泰国）：泰国的曼谷、苏梅岛、普吉岛等重要城市和旅游胜地都建有国际机场，其中曼谷素万那普国际机场是东南亚地区重要的航空枢纽之一，中国大陆游客可从北京、上海、广州、昆明、成都、汕头等城市乘坐国际航班直飞泰国，非常方便。

吉隆坡国际机场（马来西亚）：马来西亚的吉隆坡国际机场是东南亚地区重要的航空枢纽之一，从中国的北京、上海、广州、深圳等大城市都有直飞吉隆坡的航班，也可从新加坡乘每小时一班的穿梭航班前往，非常方便。

雅加达国际机场（印度尼西亚）：游客可从北京、深圳乘航班前往雅加达国际机场。

马尼拉国际机场（菲律宾）：马尼拉国际机场位于马尼拉市郊，机场大厅有菲律宾政府观光局设立的机场服务中心为游客提供酒店预订服务。中国南方航空公司每天有从北京和厦门前往马尼拉的航班以及隔天从广州飞往马尼拉的航班，菲律宾航空公司有隔天从北京和上海到马尼拉的航班以及每天从厦门飞往马尼拉的航班。

2 火车

东南亚地区铁路客运由于地理原因和各国实际情况，并未连接成整体的铁路系统，同时各国铁路客运系统的列车也是新旧不一，有很大差距。每周四、周日在北京西站有列车前往越南河内，全程软卧，票价约1000元人民币。泰国铁路有从曼谷开往马来西亚、新加坡等地的国际列车，游客可在曼谷华南蓬火车站提前预订车票，还可以买到非常实用的英文版火车时刻表，其中包括泰国所有的特快、快速列车，以及大部分普通列车的时刻表和票价。

3 地铁

曼谷地铁从2004年起启用，此外还有2条被曼谷人称为“天铁”的轻轨线路，地铁和轻轨车票不可通用，其中地铁票价为成人15~39泰铢，90~120厘米高的儿童半价，90厘米以下的儿童免票；轻轨单程票价15~40泰铢。此外，为方便游客，曼谷地铁还推出有1日票、3日票和30日票，其中1日票120泰铢，3日票230泰铢，30日票900泰铢。

新加坡地铁总长110公里，运营时间为5:30至次日凌晨0：30，地铁车站全部采用自动售票机售票，地铁单程票起价1新加坡元，依距离远近逐级递增，另外还有1新加坡元的押金，乘客在出站时将使用过的车票放入售卡机左上方的插口即可取回押金。游客可以选择购买由新加坡旅游局推出的新加坡观光通行证，每日8新加坡元并另付10新加坡元的押金，可全天无限次搭乘地铁、轻轨和公交车，还可在购物、用餐、住宿时享受各种优惠。

马来西亚首都吉隆坡市内拥有Star和Putra两条轻轨线路，另外还建有从唐人街到秋杰地区全长16公里的单轨城铁，车费为1林吉特至2.8林吉特不等。

速报!10大FREE主题迷人之选!

NO.1 马来西亚国家清真寺

国家清真寺是东南亚地区伊斯兰教的中心，这座东南亚最大的清真寺是马来西亚尽全国之物力修建而成，高74米的大尖塔直冲云霄，就好像一枚就要冲天而起的火箭一般，给人极为深刻的印象。

NO.2 云顶高原

云顶高原是马来西亚近年来最火爆的避暑游览胜地，置身一望无际的绿色高原之上，能看到脚下白云飘过，宛如身处天宫。这里拥有大量的餐馆、酒店，热闹得宛如一个国际大都市。

NO.3 雅加达伊斯帝赫拉尔清真寺

伊斯帝赫拉尔清真寺虽然建成不到30年，却是印度尼西亚的宗教中心。只要看到它那巨大的拱门、白色的圆顶，立刻就能感受到这里恢弘的气势，而寺内那琳琅满目的装饰更是令人眼花缭乱。

NO.4 努洛伊曼王宫

文莱苏丹所居住的努洛伊曼王宫虽然不像世界上其他王宫那么著名，但是它却是世界上最大的王宫。在这座金碧辉煌的宫殿里拥有1700多个大小的房间，每个房间都极尽奢华，让人不禁感叹文莱苏丹的财力雄厚。

NO.5 哈桑尼·博尔基亚清真寺

哈桑尼·博尔基亚清真寺在文莱的地位无比尊崇，这座由苏丹本人亲自出资修建的清真寺一砖一石之间都体现出高贵的王室风范，仅仅那完全用黄金包裹的大尖顶就足以让每个人叹为观止。

畅游东南亚

推荐

NO.6 奥玛尔·阿里·赛福鼎清真寺

号称亚太地区最漂亮的奥玛尔·阿里·赛福鼎清真寺是文莱另一个宗教标志，这里拥有宏伟壮观的尖塔、清新亮丽的花园，将伊斯兰和欧洲两种风情完美地结合在了一起。

NO.7 马尼拉市中市

马尼拉市中市就是当年欧洲殖民者们所修建的城堡，因此拥有浓郁的伊比利亚风情，站在这里就好像身处马德里街头一般，那一座座红顶白墙的欧式建筑，仿佛还在向每个人讲述着当年的情景。

NO.8 河内胡志明纪念堂

胡志明纪念堂可称得上是河内的标志性建筑，这里位于市中心，整座建筑气势宏伟，与周围的景色和谐地融合在一起。这里安葬着越南革命的领导人、国家的建立者胡志明，至今还有不少人来到这里祭奠这位国父。

NO.9 河内旧城区

河内拥有悠久的文化历史，自古以来就是多国文化的交汇之处。在这片老城区内能看到中式建筑和欧式建筑并排而立，虽然风格不同，但是已和这座城市完全融合在了一起，没有一点别扭的感觉。

NO.10 西贡河

缓缓流动的西贡河孕育了胡志明市这座风光无限的文化古城，乘船航行在河上，胡志明市传统和现代的一面全部都展现了出来，看着眼前一座座高楼，让人不禁感叹这座城市的快速发展。

速报！10大人气好玩旅游热地！

NO.1 新加坡鱼尾狮公园

鱼尾狮公园是新加坡的标志，它虽然是新加坡最小的公园，但是那尊狮头鱼身的雕像却人所皆知。这座白色塑像内每天都会喷出清澈的水流，就像新加坡的历史一般源远流长。

NO.2 马来西亚国家石油公司双塔大楼

这座双子塔楼是当今世界上最高的双子楼，人们可以通过建在41、42层之间的天桥往来其间，居高临下看遍世间万象。在这座大楼上遥望灯火通明、五彩缤纷的马来西亚夜景，是游客们最高级的享受。

NO.3 巴厘岛

巴厘岛是太平洋上的一颗明珠，这里拥有自己独特的传统文化和犹如天堂一般的美妙景色，无论风光旖旎的海滩雨林，还是繁华热闹的购物大街，都能让每个来到这里的人满意而归。

NO.4 下龙湾

下龙湾素以近似桂林山水的风光而闻名世界，这里的山山水水都充满了大海的灵秀，各种岩石摆出生动活泼的造型，又让这里充满了生机和活力，如同一幅天造地设的美妙画卷一般。

NO.5 曼谷大皇宫

虽然泰国王朝众多，王宫林立，但唯有曼谷大皇宫独占鳌头。其中阿玛林宫、节基宫、律实宫金碧辉煌，玉佛寺中的宝塔更是使用了大量的黄金作装饰，这种奢华的风格放眼世界也极为少有。

NO.6 金边王宫

19世纪末期建造的金边王宫实际出自法国建筑设计师之手，在高棉传统风格中又糅进了欧洲之风。在王宫内大小20多间宫殿中，到处都镶嵌着闪闪发光的金银和钻石，让人目眩神迷。

NO.7 吴哥窟

吴哥窟是吴哥王朝灿烂文明的见证，是古代高棉建筑艺术的高峰。在这片规模宏大的寺庙群落中拥有佛塔、庙堂、祭坛、回廊，层层叠叠，就是一处庄严神圣的佛国，让人不禁肃然起敬。

NO.8 大城遗址

大城是泰国拥有数百年历史的古都，说这里遍地是寺庙一点儿也不为过，人们随处都能见到破败的佛塔，寺庙的残垣断壁更使得这处曾经辉煌的神秘老城展现出沧桑的另一面。

NO.9 芭堤雅

说起泰国的沙滩，所有人第一个想起的肯定是芭堤雅，这里如今已经成为海滨旅游的代名词。设施完备的海滩、低廉的消费、迷人的风光成为芭堤雅的三张最著名的名片，这么多年过去依然魅力不减。

NO.10 普吉岛

如果说要在世界上找人间天堂的话，普吉岛肯定能名列其中。这里有着宛如宝石的蔚蓝海水、漫长的雪白沙滩、各有特色的零星岛屿，人们可以潜下水底，和鱼儿们一起畅游，享受大自然的乐趣。

6 美食！10大人气魅力平民餐馆！

1 餐馆 麦士威熟食中心

位于牛车水的麦士威熟食中心是一家由新加坡华人经营的小吃店，这里将中国博大精深的小吃文化展示给了全世界，每个人都能在这里买到适合自己口味的美味小吃，一定能满意而归。

2 餐馆 老巴刹

新加坡的老巴刹是由旧时的菜市场改建的小吃中心，这里主要经营各种南洋特色小吃，这些小吃大多就地取材，使用最新鲜的海鲜制成，不仅新鲜，而且味道鲜美，让人吃后回味无穷。

3 餐馆 老曾记

拥有50多年经营历史的老曾记最初只是一个路边摊，不过历经多年发展，早就成了新加坡最著名的咖喱饺店，这里的食物一向用料讲究，手法精致，将咖喱最纯粹的味道带给每个食客。

4 餐馆 大东酒楼

如果说要在新加坡吃中国菜，大东酒楼肯定是第一选择。在这儿能吃到最正宗的中国口味饭菜，无论北京烤鸭还是各种粤菜、客家菜，他们都做得得心应手，将中国的饮食文化发扬光大。

餐馆

5 河内皇帝餐厅

顾名思义，这家餐厅经营的就是古时越南的宫廷料理。这里沿袭了越南近千年来的饮食文化之精髓，所做的菜肴都是采自过去王宫中的秘方，因此味道极佳，甚至还吸引了很多其他国家领导人慕名而来。

餐馆

6 Quan An Ngan美食街

如果想要享受一下越南最平民化的美食，来Quan An Ngan美食街肯定没错，在这里随处都是越南传统小吃，各种香味交织在一起，刺激着每个人的食欲，让人大快朵颐。

餐馆

7 河粉2000

河粉2000随着克林顿访越而一举成名，不过，这里并不是只靠名人效应而出名的饭店。这儿的河粉筋道有嚼劲，配上牛肉、海参等配料和专门调配的汤汁，风味甚为独特，即使再挑嘴的食客也会竖起大拇指。

餐馆

8 Au Manoir De Khai

越南曾经被法国长期殖民，因此也被传承了法国菜的精髓，胡志明市内Au Manoir De Khai就是越南最好的法国餐厅，这里的厨师都来自法国，因此味道十分正宗。人们不需远赴巴黎也能品味到原汁原味的法国菜。

餐馆

9 曼谷建兴酒家

建兴酒家之于曼谷人，就好像全聚德之于北京人一样，几乎到了老幼皆知的地步。这里经营的海鲜饭更是漂洋过海，名扬世界。尤其是这里的招牌菜咖喱螃蟹，更是必点的名菜。

餐馆

10 Blue Elephant Royal Thai Cuisine

来到泰国，不吃泰国菜肯定是最大的遗憾。位于曼谷市内的Blue Elephant Royal Thai Cuisine是泰国最好的餐馆。人们在这里可以品尝到最正宗的泰式风味，那酸辣合一的特殊风味让人印象深刻。

热地！购物瞎拼买平货10大潮流地

热地

1 新加坡乌节路

如果要体验新加坡的繁华和热闹，每个人都会跟你说去乌节路。确实，在这片拥有各种豪华购物商场的街区里，汇集了世界上所有的知名品牌，是各种潮人们展示自己品位的好地方。

热地

2 丁加奴街

丁加奴街是华人汇集的牛车水地区最繁华的大街，在这儿出售各种中国传统商品，旗袍、马褂、丝绸等一应俱全。此外，各种美味的中餐更是必不可少，是外来游客感受新加坡华人风情的好地方。

热地

3 硕莪街

硕莪街是牛车水一条著名街道，但是和明显带有商业气息的丁加奴街不同，这里更显出中国的传统韵味，大街两侧一家家糕点铺散发着好闻的香气，在这里买上一些传统中国糕点再好不过了。

热地

4 DFS 环球免税店

DFS 环球免税店是巴厘岛上最大的免税商店，来到这里的人大多出手阔绰，各种世界品牌的奢侈品包括蒂凡尼、古驰等应有尽有，而更实惠的当数这里的巴厘岛特产，价格便宜，质量也有保证。

5 热地 胡志明市金边市场

金边市场又叫平西市场，从外观来看就像是一个大型的中式四合院，作为胡志明市最大的市场之一，这里出售的货物包罗万象，而且价廉物美。

身处市场中，耳边充斥着商贩们招揽顾客的叫卖声，让人有一种别样的感受。

6 热地 滨城市场

滨城市场是胡志明市屈指可数的集贸批发市场，在街头随处可见的那些旅游纪念品几乎都是出自这里。每个初来乍到的人恐怕都会被这里满眼的商品搞得眼花缭乱，不过，要是善于讲价的话，倒是能买到不少好东西呢。

7 热地 丰田市场

丰田市场是一处很具特色的水上市场，各地的小商贩划着船聚集在一起，将自己的商品放在船上叫卖。而顾客们也需要坐船来购物，十分有趣。这里的商品多为旅游纪念品，想必在船上购物这一特殊体验会留给人们更深刻的印象。

8 热地 暹粒中央市场

暹粒中央市场因为临近吴哥窟，所以也借助世界遗产的风光而扩大了自己的影响力，在这里出售很多有关吴哥窟的旅游商品，是每个来吴哥窟游览的游客购买纪念品的首选场所。

9 热地 曼谷苏坤蔚路

苏坤蔚路就好像是一个时尚的大集会，从主干道向四周辐射出不少小巷子，每条小巷都拥有自己的特色，出售各种展示泰国最新时尚潮流的商品，如果想要好好地逛完这条大街，那可是需要相当的工夫的。

10 热地 帕蓬夜市

帕蓬夜市可称得上是曼谷的夜市之王，这处夜市横跨两条街，到处都是各种泰国风味小吃和传统小商品。这些小贩们天一擦黑就开始营业叫卖，一直到深夜。如果对自己的眼力很自信的话，一定能在这里淘到不错的宝贝。

带回家！特色伴手好礼！

纪念品

1 越南磨漆画

越南磨漆画是越南最著名的艺术品，堪称越南的国宝。早在1500多年前，越南就出现了原始的漆画，此后越南磨漆画的工艺越来越成熟，传播越来越广泛，成为可以代表越南的著名艺术品。这种画主要采用刚从树上采集下来的漆，并且使用配方将其调配成各种颜色，并以蛋壳、贝壳、石片、木片、金属等进行绘、雕、嵌、填等创作，最后在上面涂上透明漆制成。绘画本身工艺精致，具有绚丽神奇、深沉古朴、清新高雅、韵味无穷的艺术效果，深受各地游客的好评。

纪念品

2 白虎活络膏

白虎活络膏是越南传统的药物，是根据当地的祖传秘方，采用各种天然药材制成的，对各种风湿疼痛、跌打损伤、关节炎症等有极好的疗效。因为越南地处湿热的热带地区，当地很多人都罹患了风湿性关节炎，所以他们便用龙脑、曼陀罗、麝香、丁香精等32味名贵中草药配制出了白虎活络膏这种极为有效的药物，从此不必再受关节疼痛之苦。如今它和越南香水、越南牛角梳一起被誉为越南三宝，是每个来越南旅游的客人都会购买的商品。

纪念品

3 爪哇咖啡

爪哇咖啡是原产自印尼爪哇岛上的著名咖啡品种，这种咖啡在泡制后苦味强烈，香味清淡，以醇厚的味道吸引了很多人。早在大航海时代，欧洲人来到爪哇岛后，将原产于非洲的咖啡树带到了这里，谁知种植在爪哇的咖啡树却拥有了独特的风味，随后欧洲人又将这种咖啡带回欧洲，从此爪哇咖啡就在欧洲风行起来，成为很多欧洲人家里必备的饮料佳品。爪哇咖啡根据其味道、香味也分成好多品种，适合各种口味的人群。

纪念品

4 印度尼西亚巴迪布

巴迪布是印尼最著名的特产之一，这是一种采用蜡染技术染织出来的布料，以其丰富的色彩、多样的花纹而备受青睐。这种布一般以黑、红、黄为主色，色调鲜明醒目，有时还会配上花鸟图案和各种几何图案，十分漂亮。印度尼西亚人都会用这种布料制作具有传统民族色彩的长袖衬衫和纱笼，这种服装也被定为印度尼西亚的国服。如今在印度尼西亚各地都能见到各式巴迪布，其中有纯手工制作的精品，也有用机器生产的，其价格往往相差很大，购买前须好好辨识。

纪念品 5 燕窝

燕窝是一种传统的名贵补品，是燕子使用分泌物和绒羽制成的窝巢，因为含有大量的蛋白质，营养极为丰富。燕窝一般分红色的血燕窝、黄色燕窝和白色的普通燕窝等，其中红色燕窝因为产量少而更为昂贵，据说是滋补的佳品。

纪念品 6 马来西亚锡质工艺品

马来西亚拥有丰富的锡矿矿藏，自古以来就是重要的锡矿产地，因此当地人也有着悠久的制作锡器的历史。马来西亚的锡器素以光泽洁白如银、造型典雅高贵、雕工精细华美而闻名，尤其是那些使用马来西亚特有的白锡加上当地传统的工艺制成的锡器更是华贵非凡，而且经久耐用。

纪念品 7 缅甸翡翠

缅甸是著名的玉石之乡，这里特产一种绿色的玉石，被称作缅甸翡翠。在缅甸，使用这些美丽的翡翠制作的器具包括各种首饰、挂件、摆设和大型装饰品等，它们件件雕工细致，工艺精湛，很多造型中还带有当地传统的风情。

纪念品 8 槟榔

东南亚地区的人们嗜好嚼槟榔是世界闻名的，槟榔树是一种广泛种植于东南亚地区的植物，它结出的子儿经过一系列加工后就成了现在常见的槟榔。在东南亚各国，嚼槟榔是人们日常生活中的一部分，嚼食槟榔后出现的红色嘴唇被认为是美的象征。所以槟榔也就成了东南亚地区的人们平时相互馈赠的礼物，这在他们的社交生活中占据着极为重要的地位，甚至在祭祀、婚嫁中也起着重要作用。

纪念品 9 新加坡肉骨茶

肉骨茶是新加坡的一种传统小吃，传说是最初来此做码头工人的福建人将闽粤人平时喝的茶加入数味中药后做成茶包，并和排骨等一起蒸煮而成为每天的早餐。这种食品营养丰富，口味独特，兼具了茶和肉的优点，十分美味。

纪念品 10 泰丝

自古以来，泰国就是继中国之后的又一大丝绸产地，泰国的丝绸质地轻柔、色彩艳丽，富有特殊的光泽，而其上面的图案也很富东南亚风情，是来自世界各地的游客们最喜欢的泰国工艺品之一。一般出售的泰丝多为衣料或成品衣物，其他还有餐垫、领带、丝巾等小织物，以满足客人的不同需求。

超IN!6天5夜计划书!

DAY 1

新加坡乌节路＋武吉士街＋牛车水＋新加坡河＋滨海湾金沙酒店

乌节路是新加坡最热闹繁华的商业区，这里拥有多座现代化的购物中心，是引领狮城时尚潮流的地方。以金黄色的苏丹清真寺为标志的武吉士街除了人流熙攘的购物广场外，附近毗邻的是甘榜格南历史保留区，沿街有大量伊斯兰风情的建筑和商家，颇具异域风情。牛车水是新加坡华人的聚居地，当地的街巷充满浓郁的中国风情，在沿街的摊贩和店铺内不仅可以买到各种特色商品，还可以品尝到中式小吃，令中国游客心生亲近。沿着新加坡河河畔的林荫道前行可以看到莱佛士登陆遗址、旧国会大厦、克拉码头、驳船码头、保赤宫等景点。滨海湾金沙酒店也是其中的一处，这座酒店造型奇异，充满着后现代主义风格，其顶部有一个露天游泳池。

DAY 2

马六甲海峡＋槟城

马六甲海峡是世界上最繁忙的海峡之一，游人在这里可以欣赏到百舸争流的壮观景象，还能在毗邻的马六甲市内游览圣地亚哥古城门和圣保罗教堂等历史悠久的古迹。有上百年海运和贸易史的槟城是马来半岛最具英伦风情的城市，城内随处可以看到美轮美奂的维多利亚时代建筑，汇集了不同国家、民族的移民文化。

DAY 3

吉隆坡＋云顶高原

吉隆坡是马来西亚的首都，这座历史悠久的古城景点众多，除了马来西亚王宫、苏丹阿都沙末大厦等传统景点外，还有吉隆坡塔和双子大楼这些醒目的现代建筑，充满独特风情。重峦叠嶂的云顶高原海拔在2000米左右，是一个风景秀美、空气清新的度假区，同时也是整个东南亚地区最大的高原避暑地。

DAY 4

曼谷＋大城

地处曼谷市中心的曼谷大皇宫气势雄伟，景点众多，是泰国王室居住的地方。除了金碧辉煌的大皇宫和背包客热衷的考山路等热门景点，在曼谷这座国际大都市中还可以游览鳄鱼潭、郑王庙、玉佛寺、卧佛寺等景点。历史悠久的大城原名阿育他亚，是古代泰国诸王朝的首都，拥有大量佛寺和佛塔，置身其中，那些断壁残垣仿佛正在向游人诉说着一段段传奇故事，充满沧桑厚重的历史感。

DAY 5

芭堤雅

芭堤雅是泰国最著名的旅游景区，游人们来到这里除了能够欣赏优美的海景外，还能品尝到各种风味美食。这个景区还是观看人妖表演的最佳地点，那些精彩的舞蹈和秀美的容貌常令人赞叹不已。

DAY 6

金边＋吴哥窟

金边作为柬埔寨的首都，是人们来到柬埔寨的第一个落脚地，这座位于湄公河畔的城市拥有悠久的历史，曾经的高棉王国和欧洲殖民者都在这里留下了深刻的痕迹，各种东南亚和欧洲风情相结合的建筑让人大开眼界。说到柬埔寨，所有人第一个想到的肯定是吴哥窟，这处古老的宗教遗迹被人们冠以“世界七大奇迹”、“世界上最大的庙宇”等称号，是古代高棉建筑的巅峰之作。吴哥窟里庙宇宏伟非凡，佛塔高耸入云，身处其间，仿佛置身于传说中的极乐世界，让人不禁为古人的智慧感叹不已。

GO!新加坡!

1 概况

印象

位于南海、马六甲海峡和印度洋交汇处的新加坡，毗邻马来西亚，是一座汇聚了现代与传统、融合东西文化之精粹的美丽都市国家。作为亚洲最重要的金融、服务和航运中心之一，新加坡城市风景优美，既有现代化的高楼大厦，也有传统的店屋洋楼，绿树鲜花装饰着整座城市，被誉为“花园城市”。

地理

位于赤道以北136.8公里的新加坡地处马来半岛最南端，与马来西亚隔柔佛海峡相望，有长堤与马来西亚的新山相通，南隔新加坡海峡与印度尼西亚相邻。新加坡领土包括新加坡岛及周围50余个大小海岛，总面积647平方公里，其中新加坡岛占全国总面积的91.6%，平均海拔15米，最高海拔163米，海岸线全长193公里。

气候

新加坡是典型热带气候的岛屿国家，属热带雨林气候，全年没有明显的四季之分，空气湿度大，常年高温多雨，平均气温24~27℃，年平均降水量2345毫米。

区划

新加坡国内分为东部、东北部、中部、西北部和西部5个行政区。

人口

新加坡现有人口约546.97万人。

2 交通

航空

新加坡樟宜国际机场是东南亚最大的机场之一，从马来西亚吉隆坡飞往新加坡的穿梭航班每小时一班，非常便利。中国游客可以从北京、广州、上海、厦门、深圳、汕头、合肥等城市乘直达航班飞往新加坡。

樟宜国际机场平均每隔15分钟就有MaxiCab为游客提供市区内旅馆和机场之间的服务，游客可以在中央商业区内任意一处下车，票价7新元。从樟宜机场前往新加坡中央商业区和市政厅一带的城市快捷运输（MRT）平均每12分钟一班，车程大约30分钟，票价2.5新元。

火车

新加坡丹戎巴葛火车站毗邻地铁丹戎巴葛站，是新加坡的铁路交通枢纽，每天都有火车从这里发出开往马来半岛西岸的吉隆坡、新山、怡保等主要城市。此外，途经新加坡、马来西亚和泰国之间的豪华列车E&O东方快车也在丹戎巴葛站发车，列车以美食、周到的服务和豪华装饰闻名。

地铁

地铁是新加坡最为快捷廉价的交通工具。新加坡地铁简称为MRT，分为南北线、东西线和东北线等不同线路，分别由新加坡地铁公司和新捷运公司负责经营管理。新加坡地铁的不同线路，由不同的颜色标明，非常醒目，方便游人辨认。新加坡地铁总长约110公里，网络遍及新加坡全岛。此外，南北线和东北线也各自修建了深入各居住社区的轻轨列车LRT，形成方便快捷的新加坡轨道交通网。新加坡地铁在周一至周五每天早上5:30发车，末班车于次日凌晨0:30发出，周末及公共假日地铁运营时间为6:00至次日凌晨0:30。新加坡地铁单程普通票依距离远近由0.9新元递增，另含1新元的押金。乘客可将使用过的车票放入售卡机左上方的插口即可取回1新元押金。新加坡地铁除单程普通票外，还有售价18新元、可乘坐公交车和地铁的易通卡，以及由新加坡旅游局推出的乘坐地铁和轻轨、公交车不计次数的新加坡游客通行卡。新加坡所有地铁站都设有自动售卡机，非常方便。可在地铁站的Ticket Office窗口购买易通卡，卡内金额用完后可在Ticket Office窗口充值，或在地铁站的自动售票机上充值。退卡时，只需将卡还给各站的Ticket Office就可取回卡内余额。新加坡地铁目前有8个地铁换乘站，其中3个为轻轨换乘站，地铁各站使用站名加编号的方式标识，非常容易辨认。新加坡地铁各换乘站都有醒目的标识，在换乘站换乘列车时游人可以顺着标识前往通向其他地铁线路的通道，非常方便。

公共汽车

新加坡市内运行的公交车分为空调和非空调两种，其中空调车票价0.9新元到1.8新元不等，非空调车票价0.8新元至1.5新元不等。此外，新加坡还有适合观光游客，途经乌节路、白沙浮广场、新达城、市中心、驳船码头、牛车水、小印度和新加坡植物园等地的新航观光巴士，每隔30分钟一班，车票6新元。

出租车

新加坡出租车的外观为黄色，依所属公司不同，起价为2.8~3.2新元不等，之后每200~225米加收0.1新元。新加坡的出租车不容易在路旁招手拦到，如果游人急需用车可以在饭店或购物中心的出租车站要车，或打电话叫车，但需加收3新元服务费。

此外，新加坡出租车在0:00—6:00期间需要另外加收50%车费；早晚交通拥堵的高峰期也要加收1新元车费；周一至周五17:00—20:00期间，如果在中央商务区乘出租车则需加收1新元车费；元旦、圣诞节、开斋节、屠妖节前夕18:00—24:00、农历除夕18:00—正月初二24:00期间都要加收1新元车费。

3 旅行常识

货币兑换

新加坡货币为“新加坡元”，基本单位是“元”。1新加坡元约等于人民币4.49元（以当天汇率为准），纸币面额有2元、5元、10元、20元、50元、100元、500元、1000元、10000元九种，硬币包括1分、5分、10分、20分、50分、1元这六种面额。为方便使用，最好在中国境内兑换一定数额的新元或美金，人民币在新加坡兑换的手续费较高。中国的银联卡在新加坡可以自由使用。

语言

新加坡的官方语言有4种，分别是汉语、英语、马来语和泰米尔语，因当地的华人占总人口数的75%以上，所以中国游客去了交流会相对便利。

住宿

新加坡酒店的大部分客房内备有常规生活用品，如洗发用品、牙具、拖鞋、毛巾、刮胡刀等，游客也可以使用自己的洗漱用品。酒店内的自来水可安全饮用，有的房间有电热水壶，可自己烧水；有的需到走廊中的热水机打水。若需冰块，走廊中会有自动制冰机，可自行取用。新加坡的电压和国内相同，为220~240伏，50赫兹。但是新加坡的插座多为英式插座，请游客备好转换插座，也可以在酒店的前台申请借用。在酒店内打电话、饮用房间冰箱内或吧台饮料、酒水均是要收费的，而且费用一般是外面同类物品价格的若干倍。另外新加坡的酒店内一般都设有收费电视，使用前请了解清楚付费方式及金额。

通讯

去新加坡可以携带自己的手机，并使用当地的电话卡。大多数购物中心及地铁站设有公用收费电话。使用电话卡可拨打本地和国际长途电话，本地电话按每0.1元/3分钟收费，有些电话亭也可以用信用卡打电话。

新加坡电信、“第一通”与“星和”是新加坡的三家移动电话服务公司。拨打国际直拨电话的代码是：新加坡电信001、“第一通”002、“星和”008。

禁忌

1、衣着：在参观庙宇和清真寺时，衣着必须端正，手脚都得有衣物遮盖。

2、脱鞋：到访印度寺庙和清真寺，都得在进门之前脱鞋，到本地人家里作客也是如此。

3、进餐：在吃印度餐或马来餐时，请用右手。

常用电话

意外（普通）	999
意外（海事）	6325-2488
火警、救护车	995
机场航班咨询	6542-4422（自动）
圣陶沙旅游咨询	6736-8672

SOUTHEAST ASIA GUIDE

Southeast Asia

畅游东南亚 1

新加坡 · 新加坡河

全长4公里的新加坡河是新加坡的母亲河，乘船在蜿蜒流淌的河中观光，可以看到河畔林立着大量古老典雅的旧建筑，而位于新加坡河河口的鱼尾狮公园则是新加坡的标志与象征。

01 市政厅

见证新加坡的历史

TIPS

3 St.Andrew’s Road 乘地铁在政府大厦站B出口出站后步行5分钟即可到达 ★★★★

落成于1929年的新加坡市政厅是由当时的政府耗资200万新加坡元修建而成，被当时的《新加坡宪报》誉为“全国性的纪念碑”，同时也是远东地区最古老的荷兰建筑之一。外观优雅的市政厅见证了新加坡历史上众多的重要时刻，如1945年英国接受日本投降、李光耀宣布新加坡独立等重大事件均发生在这里，是新加坡迈向自治、独立的宪政体制的重要里程碑。

02 旧国会大厦

新加坡首次国会会议举办地

由乔治·科尔门设计建造的旧国会大厦建于1827年，是新加坡最古老的殖民时代政府建筑，在新加坡独立后作为国会大厦，首届新加坡国会会议就在这里举行。现今由于新国会大厦建成使用，旧国会大厦更名为旧国会大厦艺术之家，设有小型电影院、音乐厅、黑盒子剧场等一系列高科技展览厅，为人们展现了国内外艺术家所创造的现代视觉艺术。

1 Old Parliament Lane 乘地铁在政府大厦站B出口出站后步行5分钟即可到达 ★★★★

03 新闻及艺术部大厦

充满艺术感的古典主义风格建筑

赏

新加坡新闻及艺术部大厦是一幢具有浓郁新古典主义风格的建筑，这里曾经是英国殖民统治时期的禧街警察局，在1998年被列为新加坡国家历史文物。大厦最吸引人的是外墙上近千扇色彩斑斓、错落有致的七彩百叶窗，与大厦外墙一同构成一幅极具美感的绚丽画卷。现今在新闻及艺术部大厦内开有多家画廊，展示了来自世界各地的艺术品，充满强烈的艺术表现力。

TIPS

140 Hill Street 乘地铁在政府大厦站B出口出站后步行大约5分钟即可到达

★★★★

04 圣安德烈教堂

新加坡最古老的教堂

赏

圣安德烈教堂位于繁华的闹市区中，是新加坡历史最悠久的一座教堂，外观为典型哥特式风格的圣安德烈教堂拥有洁白的外墙和高大的尖顶，教堂的塔楼高达63米，游客可以在这里一览周围的街道风光。

TIPS

11 St.Andrew’s Road 乘地铁在政府大厦站B出口出站后步行大约5分钟即可到达 65-63376104

★★★★

05 亚美尼亚教堂

华美的维多利亚式建筑

19世纪初期来到新加坡的亚美尼亚移民为纪念圣人格里高利而修建的亚美尼亚教堂历史悠久，是一幢外观华美的维多利亚式建筑，其圆弧造型和白色的外墙充满神圣庄严的气氛。亚美尼亚教堂内的装饰朴素大方，许多器物都是自教堂建立之初就一直摆放至今，而教堂后的墓地除了新加坡的亚美尼亚族群后裔，也有众多历史名人安眠于此。

60 Hill Street 乘地铁在政府大厦站B出口出站后步行大约10分钟即可到达 ★★★★

06 新加坡国家博物馆

新加坡最大最古老的博物馆

建成于1887年的新加坡国家博物馆是新加坡规模最大、历史最悠久的博物馆，其前身是新加坡公共机构图书馆。辟为博物馆后成为主要展示新加坡历史文化的展馆，共分为历史馆、文化生活馆和临展厅三部分，拥有各种珍贵展品，并利用现代科技，通过各种影音图像展示给游人丰富多彩的新加坡历史。

93 Stamford Road 乘地铁在多美歌站B出口出站后步行10分钟即可到达 65-63323659 10新加坡元 ★★★★★

07 福康宁公园 玩

最著名的新加坡休闲公园

福康宁公园是新加坡最著名的休闲公园，其前身曾经是英国殖民时期修建的军事基地，现今公园内依旧有大量防御工事保存完好。在公园内还有一座博物馆，收藏展示了自英国统治以来在这里被发掘出来的历史文物，同时还有不少“二战”期间的军用物品。此外，福康宁公园还是新加坡最著名的室外表演场所之一，吸引了无数演艺明星来此表演。

TIPS

51 Canning Rise 乘地铁在多美歌站A出口出站后步行5分钟即可到达 65-63321302 ★★★★

08 新加坡总统府 赏

新加坡的总统官邸

新加坡总统府名为Istana，在马来语中是皇宫、宫殿的意思，迄今已有140年历史，其前身曾经是英国殖民期间修建的一座白色三层官邸。戒备森严的新加坡总统府汇集了多种建筑风格，四周有雕刻精美的柱子，极富古典韵味。自1995年至今，总统府都会定期对公众开放，官邸内的大片园林栽植有众多珍稀植物，并饲养各种鸟类。游客在参观的同时还可了解总统府的历史。

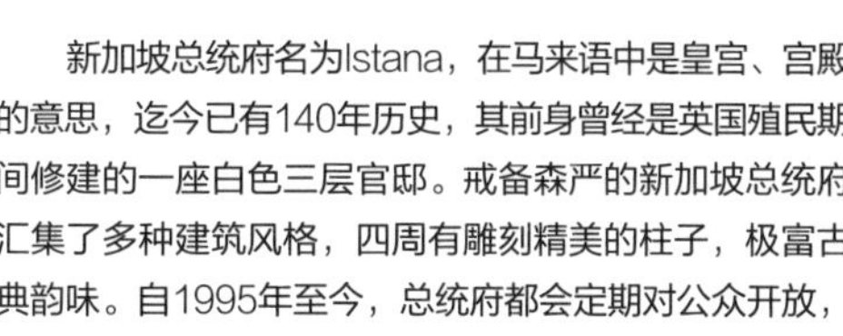

TIPS

Orchard Street 乘地铁在多美歌站出站后步行1分钟即可到达 新加坡公民和永久居民免费，外籍游客1新加坡元 ★★★★

09 释迦牟尼菩提迦耶寺

新加坡最大的佛教寺庙

具有鲜明东南亚建筑风格的释迦牟尼菩提迦耶寺是新加坡规模最大，同时也是香火最为旺盛的佛教寺庙，金色的圆顶是其最大特色，而寺内最著名的则是高15米的释迦牟尼佛像，宝相庄严的佛像周围环绕着众多彩灯，营造出神圣庄严的氛围，而寺庙也因此被称为千灯寺。此外，释迦牟尼菩提迦耶寺内还有许多各具特色的殿堂与房间，其中一间拥有身体斜倚的佛祖像，是庙内的胜景之一。

TIPS

366 Race Course Road Singapore 乘地铁在多美歌站出站后步行大约30分钟即可到达 ★★★★

10 土生华人博物馆

全世界第一家东南亚土生华人博物馆

TIPS

39 Armenian St. SG 179941 乘地铁在政府大厦站B出口出站后步行大约15分钟即可到达 65-63327591 ★★★★

土生华人博物馆又被称为娘惹博物馆，其前身曾是道南学校的校舍，是全世界第一家从东南亚视角出发，全方位展示土生华人物品和生活文化的博物馆。土生华人博物馆内除了大量高质量的珍贵藏品外，还通过各种图片和资料向游人介绍各种土生华人的独特文化，并将众多传奇向参观者娓娓道来，使其沉浸在别具特色的东南亚文化氛围中。

11 和平纪念碑 赏

新加坡和谐与繁荣的标志

为纪念"二战"中无辜死难的新加坡平民而修建的和平纪念碑于1967年2月15日落成揭幕，位于美芝路纪念公园内的纪念碑主体是高近百米的4根白色尖柱，分别代表在新加坡居住生活的华人、马来人、印第安人和其他种族在"二战"期间共同挣扎求存的精神，是新加坡多元文化的象征和国家繁荣和谐的标志。此外，与和平纪念碑毗邻的和平纪念馆内展出有大量"二战"期间日军暴行的史料和图片，再现了日军残暴统治时期的历史。

TIPS

War Memorial Park，Beach Road 乘地铁在政府大厦站出站后步行5分钟即可到达 ★★★★

12 善特主教座堂 赏

新加坡历史最悠久的天主教堂

历史悠久的善特主教座堂建于1843年，是新加坡教区大主教的驻留地，同时也是新加坡历史最悠久的一座天主教堂。外观典雅大方的善特主教座堂融合了欧洲众多建筑流派的特点，大门外立有当时罗马教皇的铜像，而哥特式的尖塔更是成为教堂的标志。每年圣诞节、复活节等天主教节日期间，善特主教座堂都会聚集众多天主教徒举行各种庆祝活动，规模盛大。

TIPS

Queen Street  乘地铁在政府大厦站出站后步行10分钟即可到达 ★★★★

13 新加坡中央商业区

摩天大楼汇集的现代都市

TIPS

地铁莱佛士坊站和丹戎巴葛站之间 乘地铁在莱佛士坊站出站后即可到达 ★★★★★

新加坡中央商业区汇集了众多摩天大厦和百货商场，是一处集展览、金融、会议、购物、观光和娱乐于一体的综合性商务圈，同时也是新加坡最现代化的商业区，充满现代大都会的独特魅力。在中央商业区除了鳞次栉比的摩天大楼外，还有优雅的花园和大片绿色的草坪，不负其花园之国的美誉。

14 市区重建陈列馆

了解新加坡的城市发展历程

45 Maxwell Road 乘地铁在丹戎巴葛站F出口出站后步行5分钟即可到达 65-63218321 ★★★★

新加坡市区重建陈列馆拥有三层楼的展示空间，通过视频、实物资料、图片及互动式介绍，使游人可以形象直观地了解新加坡的城市发展历程，展现出新加坡在土地利用和自然文化保护方面做出的种种努力。此外，值得一提的是，在市区重建陈列馆内，还有一处100平方米的建筑模型和巨幅航拍照片，使人们无须登高就可一览新加坡的城市全景。

15 远东广场 逛

以阴阳五行理念设计的购物休闲广场

将直落亚逸街、克罗士街、中国街和北京街围在一起的远东广场充满中国风水阴阳五行的设计理念，拥有大量餐厅、咖啡馆、纪念品店、书店、庙宇等，以广场正中的厦门街为主，远东广场内保存了大量古老的店屋，古老与现代相互融合，成为颇受年轻人喜爱的休闲娱乐购物广场。

32 Pekin Street,#04-01 Far East Square
乘地铁在莱佛士坊站H出口出站后步行10分钟即可到达 65-65327868 ★★★★★

16 一号浮尔顿 吃

可欣赏滨海美景的露天美食中心

位于新加坡河河畔的一号浮尔顿集餐饮、休闲与旅游于一体，是新加坡最著名的露天美食中心。这里除了各国风味的美食料理外，还可以近距离欣赏四周往来船只和作为新加坡标志的鱼尾狮雕像。夜晚的一号浮尔顿是新加坡最美的夜景之一，四周缤纷璀璨的霓虹灯纷纷亮起，光影交织中一号浮尔顿宛若不夜城，充满了浪漫气氛。

1 Fullerton Road 乘地铁在莱佛士坊站H出口出站后步行5分钟即可到达 ★★★★★

17 新加坡河

贯穿新加坡的母亲河

蜿蜒流淌的新加坡河贯穿整个城市，是新加坡唯一的一条河流，最初来到新加坡的移民都靠这条河水维生，是新加坡的母亲河。总长4公里的新加坡河是人工开凿而成的运河，两岸林立着众多百年历史的老建筑，游人可以乘坐驳船欣赏沿河的风景，或是在岸边沿河游览，在观光之余也可在河畔的餐厅和咖啡屋里小憩片刻。

TIPS

乘地铁在莱佛士坊站出站后步行5分钟即可到达 ★★★★★

18 鱼尾狮公园 玩

新加坡面积最小的公园

位于新加坡河河畔的鱼尾狮公园面积只有71平方米，是新加坡面积最小的公园，园内屹立在新加坡河河口处的鱼尾狮像高8米，其上半身狮子、下半身鱼的形象早已成为新加坡的标志和象征。此外，通体洁白如玉的鱼尾狮像还会从口中喷出清水，与园内不远处另一座同样会喷水的小鱼尾狮像相映成趣，吸引了众多游人慕名而来。

Merlion Park 乘地铁在莱佛士坊站H出口出站后步行5分钟即可到达 65-67362200 ★★★★★

19 维多利亚剧院及音乐厅

纪念维多利亚女王

维多利亚剧院建于1862年，其前身是在英国殖民期间修建的新加坡市政厅，毗邻的音乐厅则是为纪念维多利亚女王于1905年修建，1906年修建音乐厅钟楼的时候两幢建筑连为一体，成为一幢华丽的维多利亚风格建筑。游人参观剧院及音乐厅时不仅可以领略“日不落帝国”百年前的风采，同时也可欣赏音乐厅内新加坡交响乐团的精彩演出。此外，在剧院前的广场上还立有一尊莱佛士青铜像。

TIPS

9 Empress Place 乘地铁在莱佛士坊站出站后步行10分钟即可到达 65-63362151 ★★★★

20 红灯码头

新加坡最热门的休闲娱乐地

百年前曾经是新加坡重要货运码头的红灯码头，因码头引航的红灯而得名，现今则改建成了一处新加坡热门的休闲娱乐场所，在码头内依旧停泊着一些小型游船，夜幕降临后可以乘坐华丽的中国帆船夜游新加坡河，迎着舒适的海风一览码头周围的浪漫美景。

TIPS

70 Collyer Quay #01-31 Clifford Pier Singapore 乘地铁在莱佛士坊站H出口出站后步行5分钟即可到达 ★★★★★

21 亚洲文明博物馆 赏

规模庞大的亚洲艺术展馆

亚洲文明博物馆皇后坊分部位于新加坡河河畔，是亚洲文明博物馆的两座分馆之一，馆内拥有印度、中国、东南亚和伊斯兰世界等不同主题的展厅，汇集了种类繁多的珍贵藏品。置身其中，可以领略亚洲不同国家和地区的民族独特的文明与生活传统，尽情享受一次难得的亚洲文明之旅。

1 Empress Place 乘地铁在莱佛士坊站出站后步行10分钟即可到达 65-63322982 10新加坡元 ★★★★

22 莱佛士登陆遗址 赏

莱佛士最初上岸的地方

TIPS

59 Boat Quay, Singapore 乘地铁在莱佛士坊站出站后步行10分钟即可到达 ★★★★

被新加坡人尊为国父的莱佛士1819年来到新加坡，现今在新加坡各地有众多以莱佛士命名的建筑，而位于新加坡河河口东岸的莱佛士登陆遗址则是1819年莱佛士最初登陆新加坡的地方，在他的影响下，新加坡成为亚洲第一个自由贸易港，并逐渐经历了现代化的发展进程。莱佛士登陆遗址现今立有英国著名雕刻家兼诗人乌尔纳设计的一尊莱佛士爵士铜像，周围有文艺复兴风格的花坛和喷水池。

23 克拉码头

感受浪漫的新加坡夜生活

克拉码头地处新加坡河河畔，其前身曾经是大量仓库和旧式店屋聚集的码头，现今克拉码头被改建成众多酒吧和餐厅汇集的休闲娱乐区，旧时脏乱的货运码头早已不见，取而代之的则是每天夜幕降临后亮起的点点灯火，各国风味料理餐厅、酒吧和经营旧唱片、手工艺品的摊贩汇集在这里，是情侣约会的热门地点，同时也吸引了众多游客来这里感受浪漫的新加坡夜生活。

N3 River Valley Road 乘地铁在克拉码头站C出口出站后步行5分钟即可到达 65-63373292 ★★★★★

24 滨海艺术中心 娱

新加坡首屈一指的艺术表演地

由4000多片玻璃组成屋顶遮阳罩的滨海艺术中心外观仿佛榴梿一般，是新加坡首屈一指的艺术表演场地，同时也是新加坡新兴的标志性建筑之一。滨海艺术中心内最负盛名的就是这里的音乐厅，此外还建有剧院、演奏厅、排练室、图书馆和户外表演空间等设施，可以欣赏到多种类型的文化艺术表演。

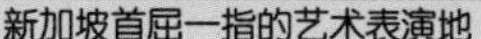

1 Esplanade Drive 乘地铁在政府大厦站出站后即可到达 65-68288222 ★★★★★

25 滨海堤坝 赏

新加坡建筑工程的一大奇迹

8 Marina Gardens Drive 乘地铁在滨海湾站换乘400路公交车即可到达 65-65145959 ★★★★

耗资2.2亿新加坡元修建的滨海堤坝由9道冠状钢闸组成，能将海水与靠近市区的滨海内海有效分开，使滨海湾地区免受水患威胁，被誉为新加坡建筑工程的一大奇迹。规模宏伟的滨海堤坝还是新加坡人喜爱的散步、野餐的好去处，周围建有亲水游乐区、永续新加坡展览馆、餐厅等休闲娱乐设施。

26 双螺旋桥 赏

螺旋状的滨海新地标大桥

6 Raffles Boulevard 乘地铁在政府大厦站出站后步行10分钟即可到达 65-63398787 ★★★★★

螺旋状的双螺旋桥连接滨海中心与海湾，是滨海地区的新地标建筑，这座大桥采用两条不锈钢索在半空相互缠绕，再用支柱稳定骨架，拉出一条长280米、宽6米的弧形桥梁，充满未来感。此外，大桥上还设有5座观景平台，人们可以从不同角度欣赏附近的壮美景色。

27 新加坡摩天观景轮

全世界最大的摩天轮之一

TIPS

30 Raffles Avenue 乘地铁在政府大厦站出站后步行10分钟即可到达 65-63349621 29.5新加坡元 ★★★★★

高165米的新加坡摩天观景轮建于2008年，由东京知名建筑师黑川纪章与新加坡缔博建筑师事务所合作设计，是全世界规模最大的摩天观景轮之一。乘坐现今已经成为新加坡旅游标志的这座大摩天轮，可以欣赏新加坡滨海湾的美丽风光，日落时分晚霞映红天空，还可欣赏夕阳沉入海面的美景，深受情侣欢迎。

28 新达城

逛

风水大师指点修建的商业建筑

1984年新加坡前总理李光耀邀请11位富商联合投资修建的新达城由风水大师指点，是一处由5幢高楼环绕喷泉的商业中心，于1997年开业至今，已经成为新加坡商业建筑的奇迹，吸引了无数游人慕名而来。

TIPS

3 Temasek Boulevard 乘地铁在政府大厦站出站后步行5分钟即可到达 65-62952888 ★★★★★

29 滨海湾金沙酒店

住

设计奢华的建筑奇迹

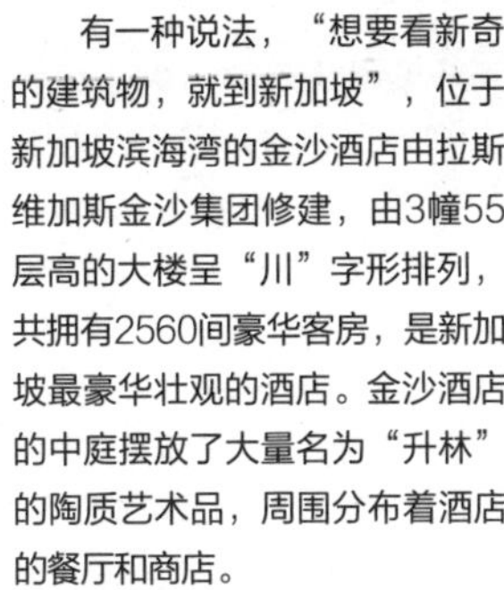

有一种说法，“想要看新奇的建筑物，就到新加坡”，位于新加坡滨海湾的金沙酒店由拉斯维加斯金沙集团修建，由3幢55层高的大楼呈“川”字形排列，共拥有2560间豪华客房，是新加坡最豪华壮观的酒店。金沙酒店的中庭摆放了大量名为“升林”的陶质艺术品，周围分布着酒店的餐厅和商店。

TIPS

10 Bayfront Avenue 乘地铁在宝龙坊站下 65-66888868 空中花园20新加坡元 ★★★★★

✱ 金沙空中花园

200米高的空中花园

位于金沙酒店楼顶的金沙空中花园地处海拔200米的高空，其面积相当于3个足球场，栽种了大量花草树木，仿佛一座绿意盎然的植物园林。金沙空中花园最引人注目的就是这里无边界的户外游泳池，可在游泳的同时一览周围的迷人风光。此外，金沙空中花园还设有公共观景台，可360度自由观看新加坡的滨海风光和对岸金融区的摩天大厦。

SOUTHEAST ASIA GUIDE

Southeast Asia

畅游东南亚

2

新加坡·武吉士&小印度

以金黄色的苏丹清真寺为标志的武吉士街地处武吉士商圈，附近除了繁华热闹的购物广场外，最吸引游人目光的是甘榜格南历史保留区，沿街大量伊斯兰风格的建筑和商家是这里最大的特色。小印度是新加坡的印度族群聚集地，仿佛印度的缩影。

01 马来传统文化馆

王宫改建的博物馆

TIPS

🏠85 Sultan Gate 🚇乘地铁在武吉士站B出口出站后步行大约10分钟即可到达 ☎65-63910450 💰3新加坡元 ⭐★★★★★

由古甘榜格南王宫改建而成的马来传统文化馆是一幢在东南亚地区流行的伊斯兰风格建筑，其巨大的金色圆顶颇为醒目。马来传统文化馆内分为9个展厅，通过各种珍贵文物、文字资料和艺术品向游人介绍了马来人在新加坡的历史文化，领略这个民族独特的风俗。此外，在马来传统文化馆内还有新加坡电影的历史介绍，文化馆外的广场则经常举行各种精彩的文艺演出。

02 白沙浮市场

热闹的小型街头购物区

白沙浮市场在19世纪初期曾经是当时商人、船员和娼妓活跃的一处混乱街区，现今这里沿街林立着数百家经营小吃、果汁、饰品、纪念品、T恤的商家，是新加坡少有的街头购物区之一。每年冬季榴梿成熟时，白沙浮市场还会弥漫着榴梿的味道，堪称一条榴梿之街。

🏠229 Victoria Street 🚇乘地铁在武吉士站A出口出站后步行5分钟即可到达 ⭐★★★★

03 马海阿布犹太教堂

新加坡犹太人的信仰中心

24 Waterloo Street 乘地铁在武吉士站出站后步行大约5分钟即可到达 ★★★★

建于19世纪的马海阿布犹太教堂不仅是新加坡国内犹太人的信仰中心，同时也是整个东南亚地区历史最悠久的犹太教教堂。马海阿布犹太教堂是一幢融合了犹太教传统风格和维多利亚时代特色的建筑，其宏大的内部空间充满庄严、肃穆的感觉，可了解犹太教在新加坡的发展和成就。此外，犹太教信徒在教堂内举行的庆典仪式也有部分允许游客参观，如果有幸遇到不要错过。

04 克里斯南兴都庙

百年历史的印度教寺庙

TIPS

152 Waterloo Street 乘地铁在武吉士站A出口出站后步行5分钟即可到达 ★★★★★

克里斯南兴都庙是新加坡印度教信徒的信仰中心，已有百年历史的这座印度教寺庙色彩缤纷，拥有众多千奇百怪的印度教人物雕塑。克里斯南兴都庙最大的特色就是这里不同于一般的印度教寺庙，在庙门口供桌上设有香炉，经常可以看到捧香参拜的香客，堪称一大奇观。

05 哈芝巷 逛

洋溢着古老风情的饮食文化街

狭窄的哈芝巷铺着青石板，沿街林立着众多特色商店，其中一些布店和香水店甚至不乏百年历史，充满古朴的历史风韵。哈芝巷作为新加坡最具古老风情的街道之一，同时也是一条著名的饮食文化街，逛街之余可以走入路边的小店喝上一杯咖啡或茶，或是欣赏街道两侧的各色涂鸦，别具风味。

TIPS

Haji Lane 乘地铁在武吉士站B出口出站后步行大约10分钟即可到达 ★★★★★

06 巴梭拉街 逛

伊斯兰风情的街道

充满浓郁伊斯兰风情的巴梭拉街是新加坡著名的旅游购物街，街道上铺砌着红色的地砖，街两侧的椰子树随风摇曳，热带风情令人沉醉。巴梭拉街两侧的建筑设计雅致，色彩缤纷的店屋内经营各种银饰、丝绸和蜡染布、竹编和藤制品等工艺品，深受游客欢迎。

TIPS

Bussorah Street 乘地铁在武吉士站B出口出站后步行大约10分钟即可到达 ★★★★

07 亚拉街 逛

伊斯兰风情街

TIPS

Arab Street 乘地铁在武吉士站B出口出站后步行大约5分钟即可到达 ★★★★

和巴梭拉街同样充满浓郁伊斯兰风情的亚拉街曾经是马来人国王苏丹和贵族居住的地方，沿街的建筑华美典雅，拥有众多经营布料、印度尼西亚蜡染布、地毯、桌垫、抱枕等商品的商铺，几乎每一件商品都充满异域风情，深受游客欢迎。此外，亚拉街上的香水店不可错过，这里经营的香水均为天然香料制成，香味淡雅，香水瓶造型独特，颇受游客欢迎。

08 苏丹回教堂

新加坡最壮丽的清真寺

苏丹回教堂建于19世纪初，是一幢典型的东南亚风格清真寺，扩建时改为现今呈现在游人面前的萨拉逊风格建筑，其独特的洋葱式金色圆顶在阳光照耀下颇为醒目，是新加坡最壮丽的清真寺，同时也是新加坡穆斯林的信仰中心。

TIPS

3 Muscat Street 乘地铁在武吉士站B出口出站后步行大约10分钟即可到达 65-62934205 ★★★★★

09 小印度拱廊

逛

小印度中的繁华商业区

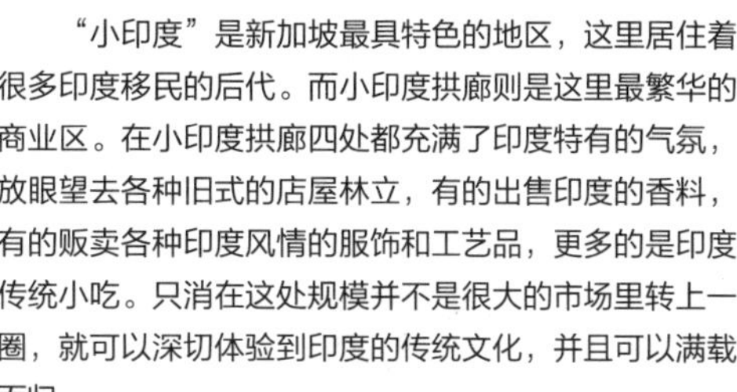

“小印度”是新加坡最具特色的地区，这里居住着很多印度移民的后代。而小印度拱廊则是这里最繁华的商业区。在小印度拱廊四处都充满了印度特有的气氛，放眼望去各种旧式的店屋林立，有的出售印度的香料，有的贩卖各种印度风情的服饰和工艺品，更多的是印度传统小吃。只消在这处规模并不是很大的市场里转上一圈，就可以深切体验到印度的传统文化，并且可以满载而归。

TIPS

Little India Arcade Little India Singapore 乘地铁在小印度站出站 ★★★★★

10 维拉玛卡里亚曼兴都庙

气势宏伟的印度教神庙

赏

141 Serangoon Road，Singapore 乘地铁在小印度车站C出口出站 ★★★★★

维拉玛卡里亚曼兴都庙是小印度地区香火最为旺盛的印度教神庙，它也是新加坡地区最大、最豪华的印度教神庙。这座神庙自建成之后就一直是这里的地标式建筑，信徒们会来这里虔诚地祭拜，游客们则能够欣赏这里独特的建筑艺术和各种精美的装饰物。维拉玛卡里亚曼兴都庙最大的看点是寺庙上方塔楼上的一座座神像，它们工艺精美，神态各有不同，周边还有繁复的花纹图案。

11 阿都卡夫清真寺

伊斯兰风情的宗教建筑

阿都卡夫清真寺是新加坡最著名的伊斯兰教建筑之一，它风格华丽，在保持传统的伊斯兰式建筑精髓的基础上又增添了西方的建筑风格色彩，因而更显得魅力无穷。这里最醒目的地方是高耸的圆形尖顶，它和屋顶及外墙的色彩各有不同，却又相得益彰，让人赞叹不已。阿都卡夫清真寺最独特的地方是寺内外安装了大量的彩色灯泡，到了夜间，绚丽的色彩将这里渲染得灿烂无比。

TIPS

41 Dunlop Street 乘地铁在小印度车站C出口出站 65-62954209 ★★★★★

12 加宝路艺术地带

充满艺术气息的街道

加宝路艺术地带是以浓郁的艺术氛围而扬名的，这里的许多建筑都极富艺术想象力，令来到这里的游客们惊讶不已。它们大都是新加坡各艺术团体与演艺公司的办公楼，建筑特点大都与屋主的表演风格息息相关。这里有多家画廊和艺廊，其中以Plastique Kinetic Worms最为出名，里面展示的大都是当代风格的艺术作品。加宝路艺术地带上还经常举行各种精彩的艺术表演活动，既有大名鼎鼎的印度舞蹈，也有中国的传统庆典表演。

Kerbau Road 乘地铁在小印度车站出站 ★★★★★

13 斯里尼维沙柏鲁玛兴都庙

新加坡最为古老的印度教神庙

397 Serangoon Road 乘地铁在花拉公园站G出口出站即可到达 ★★★★★

斯里尼维沙柏鲁玛兴都庙是一座历史悠久的建筑，它虽然没有华丽的各种装饰物，却有着气势宏伟的风格和庄重典雅的氛围。这里是参观印度教信徒修行的好地方，他们会用清水洗涤自己的身体，以获得肉体与精神上的双重宁静。斯里尼维沙柏鲁玛兴都庙最引人注目的是那座20多米高的印度教主神毗湿奴的神像，它那威严的气势令天地为之动容，此外寺内还有拉克希米和安达尔这两位女神的神像，神鸟迦楼罗的雕像也在附近。

14 中央锡克庙

具有现代风格的锡克教神庙

中央锡克庙是新加坡最大的锡克教神庙，它的主体建筑是20世纪80年代重建的，因而兼具了锡克教的传统建筑风格和现代建筑的特色。这座寺庙的外墙上贴满了大理石片，弧形的大门处有着层层叠叠的台阶，据说其含有神圣之路的意义。寺庙内的建筑众多，其中最值得观赏的是祈祷堂，里面不但拥有直径为13米的大型圆顶，还藏有锡克教的多部典籍。

2 Towner Road Singapore 乘地铁在多美歌站出站 ★★★★★

SOUTHEAST ASIA GUIDE

新加坡·乌节路

位于市中心的乌节路是新加坡最繁华热闹的旅游购物街，沿街林立着高楼大厦，规模不一的百货公司随处可见，此外还有众多餐厅，是购物狂最爱的时尚购物街。

01 土生华人坊

典雅华美的华人洋楼建筑群

土生华人坊所在的街区在20世纪初曾经是东南亚一带经商致富的土生华人聚居区，沿街的店屋式洋楼华美典雅，已有百余年历史，是新加坡一处颇具规模的历史古建筑群。现今这些洋楼大多被改为餐厅、酒吧或咖啡屋，游客在逛街欣赏之余，也可走入其中小憩片刻，从内至外仔细欣赏这些融合了当地马来建筑风格和中国传统古建筑特点的洋楼。

TIPS

Emerald Hill 乘地铁在索美塞站B出口出站后步行大约5分钟即可到达 ★★★★

02 先得坊

新加坡规模最大的购物广场之一

历史悠久的先得坊深受当地居民欢迎，是新加坡规模最大的购物广场之一，除了众多服饰和生活用品外，先得坊内也有年轻人喜爱的众多时尚名牌入驻，眼镜、服饰、家具、IT电子产品、运动器材、中东地毯、艺术品、古董和各色手工艺品应有尽有。

TIPS

176 Orchard Road 乘地铁在索美塞站B出口出站后步行大约3分钟即可到达 65-67379000 ★★★★★

03 邵氏大厦

买

超大规模的新加坡地标商厦

邵氏大厦共有10层，是一座集美食、购物、影视、办公于一体的现代化综合大厦。邵氏大厦内部是以伊势丹商场为主的购物城，顶层为拥有8座放映厅的丽都影城，电影院的墙壁上是一排手绘电影海报，颇受电影爱好者青睐。

TIPS

350 Orchard Road 乘地铁在乌节站C出口出站后步行大约5分钟即可到达 65-62351150 ★★★★

04 义安城

买

新加坡最大的购物中心之一

义安城共分7层，是一处融合了东西方不同建筑风格的购物广场，此外还有新加坡国家图书馆的分馆，别具特色。在义安城内最吸引人目光的就是这里的CHANEL、BALLY、BURBERRY、FENDI等世界知名品牌的专卖店，此外还有整个东南亚地区最大的LV旗舰店，这些装饰奢华的店面吸引了众多追求时尚品位的购物狂来这里淘宝“扫货”。

TIPS

391 Orchard Road 乘地铁在乌节站C出口出站后步行大约5分钟即可到达 65-67381111 ★★★★★

05 百利宫 买

充满艺术感的休闲生活馆

百利宫由Paragon Market Place和Marks&Spencer两家知名百货公司组成，大门前黑铜色的雕塑颇为引人注目，被形容为设计师品牌和奢侈品的理想之地。百利宫内汇集了大量世界著名的时尚品牌，此外还设有艺廊、美发沙龙、运动用品、家居饰品、异国餐厅等，是一处提供顶级购物环境的时尚天堂。

290 Orchard Road 乘地铁在乌节站C出口出站后步行大约5分钟即可到达 65-67385535 ★★★★

06 DFS 环球免税店 买

新加坡免税店的旗舰店

位于凯悦饭店对面的DFS 环球免税店拥有四层楼的营业面积，是新加坡规模最大的免税店，在这里可以买到众多价格平实的国际知名品牌商品。其中，四楼更是入驻了超过30种的世界级时尚品牌，令人不禁眼前一亮，也吸引了众多追求时尚品位的购物狂专程来这里“扫货”。

TIPS

25 Scotts Road 乘地铁在乌节站C出口出站后步行大约5分钟即可到达 65-62298100 ★★★★★

07 乌节中央城 

充满艺术感的购物广场

乌节中央城建筑充满时尚现代的元素，其不规则的外观包裹着银灰色的网状线条，每到夜幕降临，四下流动的光影宛若宝石璀璨生辉。乌节中央城内汇集了大量的个性小店，不少经营自创品牌服装、小饰品和创意商品的年轻人在这里开店追求梦想。置身其中，周围琳琅满目的特色商品令人有种寻宝的乐趣。此外，站在乌节中央城的高层，您可以透过玻璃墙俯瞰繁华热闹的乌节商圈。

TIPS

181 Orchard Road 乘地铁在索美塞站B出口出站 65-62381051 ★★★★★

08 乌节夜市 

新加坡夜晚最热门的娱乐休闲地

乌节夜市是新加坡夜晚最热门的娱乐休闲地之一，每到夜晚，乌节路都会褪去白天的喧嚣与繁华，取而代之的是五彩缤纷的霓虹灯，伴随着乐队演奏和新加坡特色美食的诱人香气，人们可以畅饮冰凉的啤酒和果汁，悠闲安逸地享受这别具特色的夜生活。

435 Orchard Road Wisma Atria 乘地铁在乌节站C出口出站后步行大约10分钟即可到达 ★★★★★

SOUTHEAST ASIA GUIDE

新加坡·牛车水

牛车水是新加坡华人移民最早的聚居区，同时也是新加坡的华裔移民文化中心。在牛车水的街巷之间可以感受到浓郁的东方气息，沿街各种中式店铺和错综复杂的小巷都令中国游客心生亲近。

01 宝塔街 逛

牛车水最著名的三条道路之一

TIPS

Pagoda Street　乘地铁在牛车水站A出口出站

★★★★★

宝塔街位于新加坡唐人街牛车水的显眼位置，是牛车水最著名的三条道路之一。街口矗立的牛车水最古老的兴都庙是这里的标志，庙里有高高耸立的塔楼，因此这里就叫做宝塔街。这里商贩云集，沿街到处都能看到出售中国小商品的商铺，路边摊更是数不胜数，随处都能听到熟悉的乡音，让人感觉仿佛身处国内一般。出售的商品也琳琅满目，冰箱贴、小相框、钥匙链等都随意地挂在门口的旋转展示牌上，任人挑选。

02 牛车水原貌馆 赏

感受华人当年的艰难时光

牛车水原貌馆位于宝塔街上，原本是一座3层的旧式洋楼，后来经过大幅修整后成为现在的博物馆。中国人很早就已经踏足新加坡，他们大多以出卖劳动力为生，生活十分艰苦，这座馆里的展品完全反映了他们过去的生活状态。走进这里宛如通过了一条时光隧道，大量翔实的资料记录了过去中国移民们的困苦生活和艰难历程。在这里甚至还能品尝到他们当年吃的食物，让人印象十分深刻。

48 Pagoda Street　乘地铁在牛车水站A出口出站　65-63252878　9.8新加坡元　★★★★

03 马里安曼兴都庙 

气势恢弘的印度教庙宇

马里安曼兴都庙位于牛车水的中心地带，是新加坡最古老的印度教庙宇，建于1827年。从外观上一看就能感受到这座庙宇恢弘的气势，25米高的寺庙大门上雕刻着无数印度教诸神的彩绘神像，个个神情生动、栩栩如生。这里至今还保留着印度教的传统习俗，不管游人还是香客，要进入这里必须先脱鞋、摇铃，然后方能入内。寺庙内到处都是精美的壁画和神像，在牛车水地区别具一格，营造出一种庄严肃穆的氛围。

TIPS

242 South Bridge Road 乘地铁在牛车水站A出口出站

65-62234064 ★★★★

04 新加坡佛牙寺龙华院 

收藏着佛牙舍利的寺庙

新加坡佛牙寺龙华院是牛车水地区一座较新的庙宇，始建于2002年。这里最为重要的标志当数寺内高近百米的巨大佛牙塔，这座宝塔采用了中国唐朝时期的传统工艺和造型，在周围普通民舍的映衬下更显得气势磅礴。在寺内正殿里供奉着弥勒佛的佛像，金碧辉煌，神情安详，达到了造像艺术的最高境界。此外，寺里最珍贵的宝物就是佛牙舍利，舍利子放置在重达320公斤的黄金舍利塔中，吸引了众多信徒前来朝拜。

288 South Bridge Road 乘地铁在牛车水站A出口出站

65-62200220 ★★★★★

05 詹美清真寺

东西合璧的清真寺

赏

詹美清真寺自1827年起便矗立在牛车水了，由来自南印度的丘利亚人所建。这座清真寺的建筑风格相当奇特，首先建筑并不与街道平行，而是朝向圣城麦加的方位。同时清真寺的建筑风格也容纳了东西方的特色，其入口是典型的南印度风格，而正殿和两个祈祷大厅则是殖民时期的西方古典艺术风格，这两种看似格格不入的建筑风格有机地融合在一起，成为这座清真寺最大的看点。

TIPS

218 South Bridge Road 乘地铁在牛车水站出站

★★★★★

06 丁加奴街

出售中国传统服饰和美食

逛

繁华热闹的丁加奴街是牛车水唐人街最主要的街道之一，以出售各种中国传统服饰、工艺品和美食为主。在这里无论旗袍、长袍马褂、手染布衫还是丝绸布料等均可以买到，而且花样款式齐全，做工也很精致。此外，各种经典的中国美食更是必不可少，干面、汤面、鱼丸汤等物美价廉，让人们即使身处新加坡也能品尝到熟悉的家乡美食，而且在这里可以通行无阻地用中文交谈，令人备感亲切。

TIPS

Trengganu Street 乘地铁在牛车水站A出口出站 ★★★★★

07 客纳街

牛车水著名的娱乐街

Club Street 乘地铁在牛车水站A出口出站

★★★★★

客纳就是英文“club”的音译，顾名思义，这里是牛车水著名的娱乐街。白天这里就好像一条普通的街道，路两侧都是传统造型的店屋。而到了晚上，各色霓虹灯就会相继亮起，酒吧、咖啡厅、舞厅等纷纷开门迎客。街上变得喧闹无比，浓厚的异国情调搭配着美酒、音乐，更是让人沉醉不已。这里是青年男女约会的首选之地，浪漫的烛光下有无数爱侣在耳鬓厮磨。

08 黄包车总站

感受过去辉煌的黄包车交通

335 Smith Street Singapore 050335

乘地铁在牛车水站A出口出站 ★★★★

牛车水大厦位于硕莪巷上，是1972年在当时的殡仪馆遗址上建立起来的，这座商业大厦兼具购物和娱乐的功能，不仅销售各式各样的中国商品，还销售各种电子产品、纺织品和打折化妆品等。与此同时，这里还是品尝新加坡美食的好地方，每到吃饭时间，各个餐馆里都是人头攒动。在这儿能吃到最正宗的新加坡美食，味道一流，物美价廉，不光是海外游客，就连本地人都对这里饭菜的味道交口称赞。

09 纳哥德卡殿

南印度移民建造的回教庙宇

纳哥德卡殿是19世纪时这里的南印度移民为了纪念到访的印度教圣人而建的。当时的直落亚逸是一座汇集了世界各地航海者的海港，而纳哥德卡殿也正体现了这种多文化的交融。这座庙宇的建筑整体虽然是南印度的风格，但是其中夹杂了不少西方古典主义的部分，比如拱门与廊柱等。同时庙宇的顶端修筑成宫殿的样式，拥有小巧的拱门和圆窗，使得它整体显得气势宏伟，具有很高的艺术价值。

TIPS

140 Telko Ayer Street 乘地铁在丹戎巴葛站F出口出站 ★★★★★

10 丹戎巴葛保留区

古老传统的保留区

丹戎巴葛保留区位于丹戎巴葛路，这里原本是运输港口货物上岸的主要通道，因此留有很多古老的商铺和建筑物。如今这里的一切全都完好地保留了下来，在保留区内可以发现很多中国传统文化里的东西，比如中药铺、茶坊、木屐店、书法用品店等，传统中还带有一丝新意。此外还有不少经营各国美食的餐厅，让人们在此就能尝遍世界各地的经典美味。

由Neil Road、Tanjong Pagar Road、Maxwell Road等街道组成 乘地铁在丹戎巴葛站A出口出站 ★★★★★

11 硕莪街

浓郁的中国风情

硕莪街是牛车水地区的主要街道之一，过去在这里曾经聚集了不少制作西米的工厂，所以当地人就以谐音为这里起名叫硕莪街。如今这里到处都充满了浓浓的中国味，在路两旁随处都是中国传统店铺，四处糕饼飘香，各种工艺古玩店和中草药铺鳞次栉比。其中最吸引人的还是那些出售中国传统糕点的饼铺，在这里可以买到云片糕、菠萝包、老婆饼、酥皮蛋挞等价廉味美的糕点，深受当地人的喜爱。

TIPS

Sago Street 乘地铁在牛车水站A出口出站

★★★★★

12 史密斯街

逛

遍布路边的传统小吃摊

史密斯街早在英国殖民时期就是当地铁匠和商人的聚集场所，所以街名也是因英文中的“铁匠”一词而来。后来这里就开始散落着不少经营小吃的小贩摊点，曾经一度是脏乱差的代名词，新加坡政府在2001年对这条街进行了大规模的整治。如今这里的小吃摊点都是经过卫生等部门的认证，这条街成为新加坡小吃的代名词。此外，在史密斯街上可以买到不少新加坡传统风味的小吃，包括著名的马来小吃“惹”以及很受人们青睐的炒条等。

Smith Street 乘地铁在牛车水站A出口出站 ★★★★

SOUTHEAST ASIA GUIDE

Southeast Asia

畅游东南亚 5

新加坡·圣淘沙

位于新加坡本岛南部的圣淘沙是新加坡第四大岛屿，它的原名Pulau Blakang Mati在马来文中的意思是“和平与宁静”，是一处风景优美，遍布引人入胜的探险乐园、博物馆和众多历史遗迹的田园式度假胜地。

01 圣淘沙空中缆车

新加坡著名的旅游线路

乘地铁在港湾站E出口出站后在圣淘沙轻轨站即可乘坐 11.9新加坡元 ★★★★★

圣淘沙空中缆车既是连接新加坡城区与圣淘沙岛的交通工具，又是一条能够领略各种美好风光的旅游线路。乘坐缆车出发，首先能够看到新加坡繁华的都市风光，还能俯瞰波涛起伏的蓝色海面，而圣淘沙岛上优美的自然风光，也能够一点点地呈现在游客面前，各种美丽的景观尽收眼底。乘坐圣淘沙空中缆车的最佳时段是在黄昏，游客们可以一边品尝美味佳肴一边观看落日余晖，非常具有浪漫气息，因此深受情侣们欢迎。

02 音乐喷泉

圣淘沙岛上最著名的景点之一

音乐喷泉是圣淘沙岛上的名景，它会在每天的黄昏时分开始表演。到了夕阳西下的时候，高低起伏的水流会在音乐的伴奏下翩翩起舞，这种奇妙的表演吸引了游人们的关注。音乐喷泉在进行表演的同时还会将激光照射在水幕上，让围观的群众欣赏到颇有趣味的影视片段。这其中既有中国的神话传说，也有西方的奇幻故事，当然也不缺乏新加坡及东南亚其他地区流行的各种音乐舞蹈和民间习俗活动。

TIPS

The Merlion Sentosa Singapore 乘地铁在港湾站E出口出站后在圣淘沙轻轨站换乘轻轨前往圣淘沙岛，在岛上乘循环公交车蓝线可到达 ★★★★★

03 圣淘沙胡姬花园

风景优美的综合性公园

Sentosa Orchild Gardens,Sentosa, Singapore 乘地铁在港湾站E出口出站后在圣淘沙轻轨站换乘轻轨前往圣淘沙岛，在圣淘沙岛上乘循环公交车在胡姬花园站下车 ★★★★★

圣淘沙胡姬花园里景色优美，这里鲜花遍布，芳香四溢，来到这里的游人们能够体验到别样的浪漫风情。望塔是公园内最著名的景点，在那里可以俯瞰岛上的诸多美景，也能远眺波澜壮阔的海洋。圣淘沙胡姬花园里环境优美，诸多建筑古朴典雅，与周围花团锦簇的氛围相得益彰，特别适合拍照留念，因此也成为新加坡著名的婚纱摄影地。游客走累了的话，还可以到餐厅里休息和品尝美食。

04 鱼尾狮像塔

圣淘沙的象征

鱼尾狮像塔是圣淘沙岛上最著名的景点，不但享誉新加坡，在整个东南亚也颇有名气。该塔是新加坡最高的自由式建筑，塔身瘦削而挺拔，塔顶的鱼尾狮是这里的象征，塔下的小道也因此得名。鱼尾狮身上的鳞片可以自由地变换色彩，尤其是到了夜间，它所散发出来的光芒会吸引全岛游人的目光。鱼尾狮像塔内还收藏了诸多珍宝供人参观，而水族箱内那些正在畅游的热带鱼类，又是这里的另一大特色。

圣淘沙岛西北部 乘地铁在港湾站E出口出站后在圣淘沙轻轨站换乘轻轨前往圣淘沙岛，在圣淘沙岛上乘循环公交车蓝线可到达 ★★★★★

05 摩天塔 赏

圣淘沙岛的制高点

摩天塔是圣淘沙岛上的著名景观，游人登到塔顶就可以将整座小岛优美的风景尽收眼底，无论是林木葱茏的公园，还是人流涌动的海滩，在这里都清晰可见。这里的观景平台是全岛最高的，当游客们乘坐飞速上升的电梯的时候，可以看到远方的景观一点点地呈现在自己面前。摩天塔的独特之处在于顶部的观景平台会自行旋转，里面的游客能够纵览海岛上的美丽风景，也能瞭望远方的各种景色。

TIPS

圣淘沙空中缆车站前方 乘地铁在港湾站E出口出站后在圣淘沙轻轨站换乘轻轨前往圣淘沙岛，在圣淘沙岛上乘循环公交车蓝线或绿线在Cable Car下车 12新加坡元 ★★★★★

06 昆虫王国博物馆 赏

独特的昆虫展览馆

昆虫王国博物馆是新加坡最受欢迎的博物馆之一，它是以展出千奇百怪的昆虫生物而扬名的。昆虫洞穴是这里最著名的景点，它全长70余米，里面的光线是由飞舞着的萤火虫所提供的，各种昆虫应有尽有，游客们在这里可以与那些平常难得一见的昆虫亲密接触。来到昆虫王国博物馆还能了解不同种类昆虫的具体情况，能够观看到奇妙的昆虫表演，既有竞技元素的昆虫比赛，也有精彩的昆虫舞蹈。

TIPS

51&51A Cable Car Road Sentosa 乘地铁在港湾站E出口出站后在圣淘沙轻轨站换乘轻轨前往圣淘沙岛，在圣淘沙岛上乘循环公交车可到达 10新加坡元 ★★★★

07 新加坡万象馆

新加坡的历史博物馆

TIPS

40 Imbiah Road 乘地铁在港湾站E出口出站后在圣淘沙轻轨站换乘轻轨前往圣淘沙岛，在圣淘沙岛上乘循环公交车可到达 65-62793284 10新加坡元 ★★★★

新加坡万象馆是介绍新加坡历史的主题展馆，这里拥有现代化的声光手段，能够让游客们仿佛身临其境地了解狮城的传奇历史。展馆从新加坡的拓荒时期介绍起，还原当时原住民的生活状态。从马来亚王国统治时期开始，其后的英国殖民时期、日本占领时期、“二战”后及新加坡独立之后等不同时代的重要历史事件都可以在这里看到。此外，游人还能了解到在新加坡居住的不同民族间流传的各种神话传说和民间故事。

08 新加坡海底世界

新加坡最大的海洋馆

新加坡海底世界是东南亚最大的海洋馆，来到这里的游客们不仅能看到形态各异的海洋生物，还能看到精彩的动物表演。范克夫水族馆是各种海洋生物汇聚的地方，这里既有色彩斑斓的热带鱼类，也有形象怪异的海底生物，它们大都聚集在珊瑚礁石之中，而迅捷凶猛的鲨鱼会不时地巡游而过。“触摸池”是这里最有特色的地方，游人们可以触碰海盘车、海参等多种海洋生物，这种机会是别处难有的。

TIPS

80 Siloso Road 乘地铁在港湾站E出口出站后在圣淘沙轻轨站换乘轻轨前往圣淘沙岛，在岛上乘公交车蓝线、红线在海底世界下车即可到达 65-62750030 19.9新加坡元 ★★★★★

09 西乐索炮台

新加坡著名的海上炮台

西乐索炮台是新加坡现存的军事要塞中保存最为完好的一个，各种军用设施一应俱全，游客们在这里可以略窥新加坡的历史。这座炮台是由英国殖民者建造的，本是用于封锁附近海域的战术支点，在“二战”中被日本占领军改建为监狱，关押的是反抗侵略者的仁人志士。西乐索炮台最引人注目的地方是那些古老的大炮，它们保存完好，是拍照留念的好地方。这里还有专门的展览室，详细地介绍了该炮台的传奇历史。

圣淘沙岛最西端 乘地铁在港湾站E出口出站后在圣淘沙轻轨站换乘轻轨前往圣淘沙岛，在圣淘沙岛上乘循环公交车可到 8新加坡元 ★★★★★

10 丹戎海滩

新加坡著名的情侣海滩

丹戎海滩是圣淘沙岛上最具浪漫气息的地方，这里没有别处那热闹喧嚣的氛围，能够给人一种安宁祥和的感觉。白天，游人们可以坐在树下，一边品尝着冰爽的饮料，一边放松劳累的身心，也能慵懒地躺在沙滩上闭目养神。到了黄昏时分，火红的太阳徐徐坠入大海的时候，天地间所呈现的华美的色彩，令人惊叹不已。入夜之后，满天星斗与渔船上的点点灯火相映成趣，给人们带来了无法用语言来形容的独特感受。

TIPS

Palawan Beach,Sentosa Singapore 乘地铁在港湾站E出口出站后在圣淘沙轻轨站换乘轻轨前往圣淘沙岛，在圣淘沙岛上乘循环公交车黄线或红线在Dolphin站下车，或乘坐海滩火车在Palawan Beach站出站 ★★★★★

11 亚洲大陆最南端 

独特的地理景观

亚洲大陆最南端位于巴拉湾海滩的一个小岛上，那里景色优美，隔海相望的是全球第三大岛——加里曼丹岛。要想前往地处亚洲大陆最南端的这座小岛，必须先经过一座狭长的木质吊桥，过桥时脚下摇摇晃晃的，颇有一番紧张刺激的感受。岛上最醒目的地方就是一座观景台，虽然只有三阶，却是整个亚洲大陆最南端的标志物，堪称真正的"地之角"。不远万里来到这里的游人们都会选择站在上面摄影留念，此外，在岛上还可以看到碧波万顷的大海，感受水天一色的壮观景象。

巴拉湾海滩附近 乘地铁在港湾站E出口出站后在圣淘沙轻轨站换乘轻轨前往圣淘沙岛，在圣淘沙岛上乘循环公交车黄线或红线在Dolphin站下车，或乘坐海滩火车在Palawan Beach站出站 ★★★★★

12 新加坡环球影城 

全世界第四座环球影城

8 Sentosa Gateway, Sentosa Island 66新加坡元 ★★★★★

位于圣淘沙岛上的新加坡环球影城是全世界第四座环球影城，共分为纽约、好莱坞、古埃及、科幻城市、遥远王国、马达加斯加和失落的世界等区域，这里所有的游乐项目和景观都取材自热门电影，可以和恐龙、史瑞克、变形金刚等电影中的人气明星亲密接触、合影留念，是一个充满梦幻色彩的主题娱乐城。

13 花柏山公园 

一览新加坡南部风光

Kampong Bahru Road与Telok Blangah Road交会处 乘地铁在港湾站B出口出站后在港湾缆车大厦乘坐缆车在花柏山站下车 ★★★★★

花柏山公园位于新加坡南部，修建在风光无限的花柏山上。其中海拔105米的花柏顶是整个公园的制高点，站在这里可以将整个新加坡南部的景色尽收眼底。同时这里还有一个花木围绕的多层平台，平台上的箭头指向新加坡大多数旅游景点。从花柏顶下来，通过一条花丛走道就可以来到海事村，这里是公园的游乐园，以一条古代帆船为中心，开辟出了很多供儿童玩耍的地方，此外，在享受童年乐趣的同时还能在这里的餐饮区饱餐一顿。

GO!马来西亚!

1 概况

印象

作为东南亚国家联盟创始国之一的马来西亚简称大马，由马来半岛南部的马来亚和位于加里曼丹岛北部的沙捞越、沙巴组成，共分为13个州，以其充足的日照和美丽迷人的沙滩、海岛、热带雨林、千姿百态的洞穴、独特的民俗风情和动植物而闻名，吸引了众多游客慕名而来。

地理

地处太平洋和印度洋之间的马来西亚由马来半岛南部的马来亚和位于加里曼丹岛北部的沙捞越、沙巴组成，面积330257平方公里，海岸线长4192公里。马来西亚地势北高南低，其中基纳巴鲁山海拔4101米，是马来西亚最高峰。

气候

马来西亚属热带雨林气候，内地山区年均气温22℃~28℃，沿海平原气候为25℃~30℃，全年降雨量约为2000~2500毫米，气候潮湿。

区划

马来西亚全国分为柔佛、吉打、吉兰丹、马六甲、森美兰、彭亨、槟城、霹雳、玻璃市、雪兰莪、登嘉楼、沙巴、沙捞越共13个州，以及首都吉隆坡、纳闽和布特拉再也3个联邦直辖区。

人口和国花、国鸟

马来西亚人口约3064万，国花为朱槿，国鸟为犀鸟。

2 交通

航空

马来西亚空中航线非常多，吉隆坡国际机场是东南亚重要的航空枢纽之一。北京、上海、广州、深圳等大城市都有直飞吉隆坡的航班，也可从新加坡乘每小时一班的穿梭航班方便前往。

铁路

马来西亚的火车种类较多，车内座位分为1、2、3等车票，其中1、2等车票需要对号入座，3等票是不对号的硬座车，夜行列车则有1、2等上下铺之分。马来西亚主要有两条铁路主干线：西海岸线和东海岸线，各有一些支线，比如吉隆坡—丁生港支线，城市人在周末经常走这条线去海滨。还有吉隆坡—巴生港、吉隆坡—石洞、塔坝路—安松海滩等支线，支线火车上乘客很少。

在东马来西亚，哥达基纳巴卢—帕帕尔—泰侬的沙巴铁路全长154公里。原来修建这条铁路是为了把泰侬的天然橡胶运到港口。现在每天有两班车跑在这条线上，内燃机车牵引，速度较慢，但却是充分体会火车旅行怀旧情调的一种不错体验。沿着婆罗洲岛唯一的铁路沿途去访问那些默默无名却又充满魅力的小镇，这样的旅行，很是浪漫。

西海岸线全长950公里，连接新马边境的新山到马泰边境的大平原。沿途有首都吉隆坡、北海、怡保等大城市，西海岸线是马来西亚的交通大动脉，同时又是将曼谷和新加坡南北贯通的国际路线（国际快车每天1次）。乘这条线的乘客特别多，繁华的城镇、广阔的水田，又有橡胶园和热带丛林，风景不停变换，让人目不暇接。外国旅游者经常坐西纳兰快车或拉克雅特快车。这两趟快车方便快捷，停靠站点少，运行于新加坡至吉隆坡和吉隆坡至北海之间，若想从北海到曼谷方面去的话应换乘国际快车。

东海岸线和西海岸线在马来半岛内陆吉隆坡与新加坡之间的一个名叫金马士的城镇分岔。东海岸线一直通到哥打巴鲁近郊的通坝，全长528公里。从通坝到吉马斯需9小时左右，直达车每天只有2班。一路上的车站不是很出名，乘东海岸线的旅行者比较少，乘客多是当地农民。

航运

渡船每天定时在马来半岛与兰卡威岛、槟城、邦咯岛以及刁曼岛这几个著名的岛屿之间来来往往。此外从新加坡的漳宜码头至柔佛州迪沙鲁的Tanjung Belunkor之间也有渡轮。应该特别注意的是，马来半岛同马来西亚婆罗洲之间没有渡船往来，只有班机可以进出。

轻轨和单轨列车

吉隆坡轻快铁交通十分发达，拥有世界上第二长度的全自动轻快铁——Putra轻快铁，还有star轻快铁。Putra轻快铁主要往来于Kelana Jaya与Gombak之间，总长29公里，而Star轻快铁则为南北走向，往来于Chan Sow Lin与Ampang之间。两条线路的车票都分为单程和双程两种，7~10分钟发车一班，上下班高峰期3分钟发车一班。吉隆坡市内的轻快铁可到达市内主要景点，如中央艺术坊、双峰塔等，是在吉隆坡市内旅游不错的交通工具。

单轨列车是吉隆坡市很重要的交通工具，单轨列车都为高架轨道，每站间隔0.6公里到1公里，运营时间为早晨六点到次日零点，发车频率为7~10分钟一趟，上下班高峰期每4~5分钟发车一班。

公交车

公交车是市区旅游中的一个重要的交通工具。吉隆坡公交网四通八达，遍布整个市内及近郊，而且车票也比其他交通工具的便宜很多。普通公交巴士是由当地的民营公交公司运营，路线基本上覆盖了整个吉隆坡市区，市区内的各个重要旅游景点几乎都能到达，乘坐很方便。而观光巴士则主要来往于各个旅游区，按时间收费，一次观光时间约为3小时。

出租车

在吉隆坡出租车随处都可以看到。车费一般是按车内的计价器收，起步价为2.7林吉特，1公里之后每200米收0.1~0.3林吉特，价格视出租车车型而定，夜行时间为凌晨00：00—06：00，会加收50%的附加费。

吉隆坡还有长途出租车，主要在马来半岛各大城市之间营运，多从位于吉隆坡市内的普杜拉亚巴士站发车，最多可4人合坐，如果少于4人时，多付些费用也可发车。长途出租车一般按行驶时间计算费用，上车前需要和司机讨价还价，还要防止被宰。

3 旅行常识

货币兑换

马来西亚货币单位为林吉特（Ringgit Malaysia），一般简称为马币，人民币在马来西亚并非流通货币，但很多商店购物消费的时候会收取游客的人民币，在银行可以将人民币兑换成林吉特。此外，中国银行的银联卡可以在马来西亚刷卡消费和支取现金，中国银联会直接将当地货币转换成人民币，并不收取货币转换费，非常方便。

禁忌

马来西亚以伊斯兰教为主要宗教，在观光过程中游人需要注意该国的宗教禁忌，进入清真寺的时候必须脱鞋，衣着要整齐、端庄，穿有领子的衬衣，最好不要穿短裤，更不要裸露上身。此外，马来西亚王宫并不对游客开放，但游客可在王宫前拍照或与卫兵合影，注意不要穿过于暴露的奇装异服或对王宫做出不敬的动作。

住宿

马来西亚很多酒店并不准备盥洗用具，游客最好自己携带牙刷、牙膏、拖鞋等卫生用品。酒店一般不供应开水，自来水不可以直接饮用。

通讯

马来西亚全国各地随处可以看到插卡投币的公用电话，游客在便利店或杂货店都可买到面值3、5、10、30、50林吉特的电话卡。马来西亚电信系统包含CDMA、GSM900、GSM1800频段，中国大陆的手机开通国际漫游功能后在马来西亚可以直接使用，在马来西亚拨打当地电话只需区号+电话号码即可，如果拨打国际长途回中国需要拨00+86+区号+电话号码。

付小费

马来西亚有向服务人员支付小费的习惯，小费不仅是肯定对方的服务，也是当地服务人员的主要收入。如果觉得服务人员的服务质量优良，可以适当付一些小费。

SOUTHEAST ASIA GUIDE

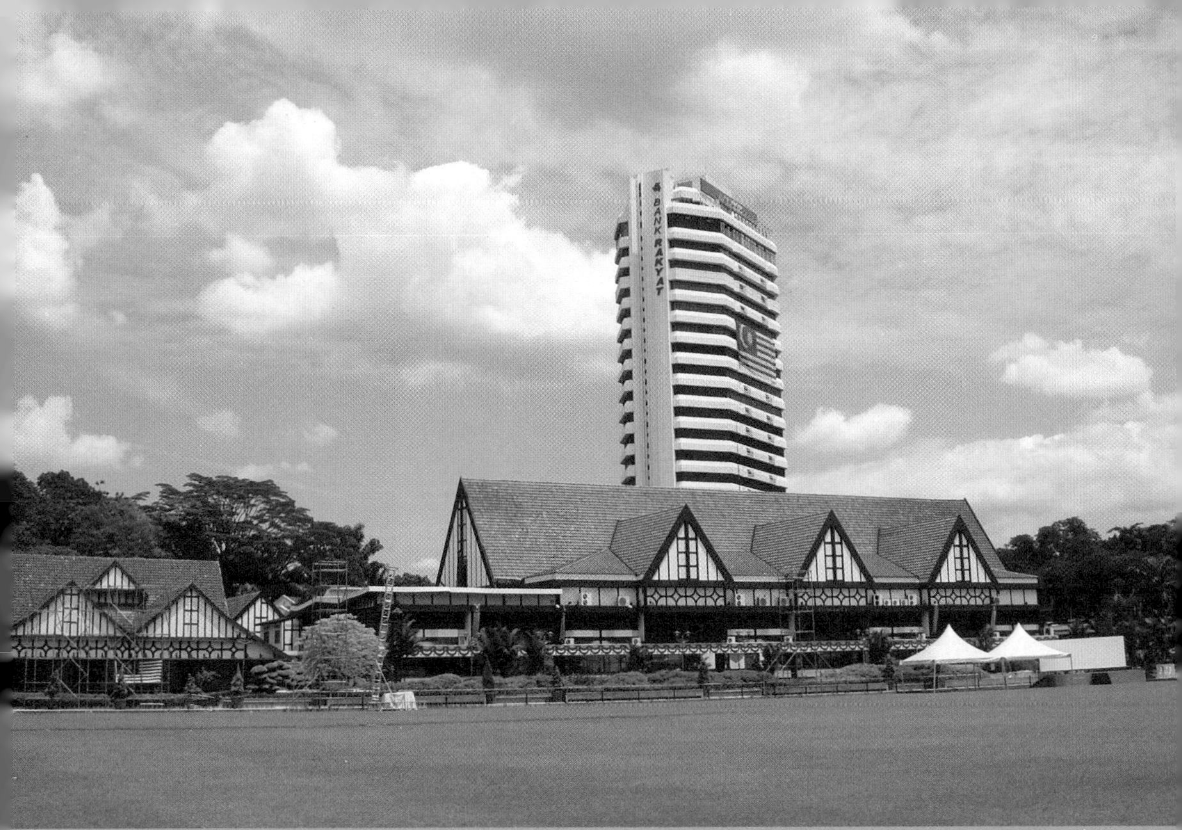

Southeast Asia

畅游东南亚

6

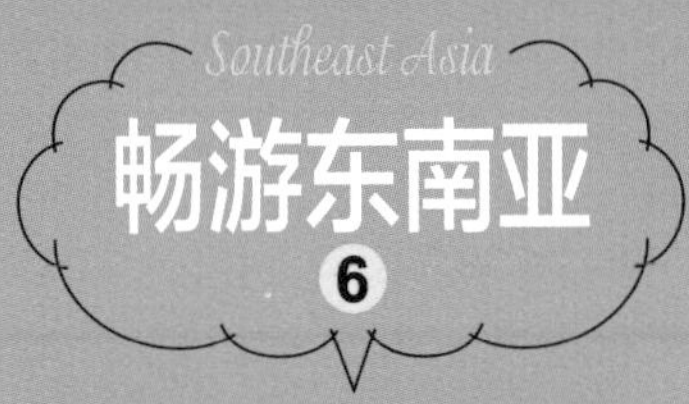

马来西亚 · 吉隆坡

吉隆坡是马来西亚首都，这座新旧辉映、东西交融的城市享有“世界锡都、胶都”之美誉，市区街景呈多元化的异国风情。独立广场、清真寺、中国城、双峰塔……走在街上，像走在一部描述马来西亚历史的电影中一样。

01 杰姆清真寺

造型典雅的伊斯兰建筑

City Centre, 55100 乘Star或Putra轻轨到Jamek清真寺站下 ★★★★★

杰姆清真寺建于20世纪初，它在保持原有的伊斯兰风格的同时，又增添了马来西亚建筑文化的元素，使之巧妙地融为一体。这座清真寺的外墙是红白相间的，显得异常典雅，3层高的尖塔是这里最为醒目的景物。漫步在清真寺里可以看到许多具有伊斯兰特色的建筑装饰，精美之处让人赞叹不已。杰姆清真寺位于马来西亚的繁华市区之内，它与周边的高楼大厦形成了鲜明的对比，有着独特的古老美感，也是繁华都市中少见的清静之地。

02 国家清真寺

古今结合的现代宗教建筑

Jalan Lembbah Perdana, 50480 Kuala Lumpur 03-26937784 ★★★★★

国家清真寺是马来西亚最为著名的宗教建筑，是现代伊斯兰宗教建筑的代表作。这座清真寺气势恢弘，附属建筑众多，是东南亚地区最大的清真寺。漫步在国家清真寺内可以看到一座高达73米的尖塔，它被设计成运载火箭的形象，象征着古老文明与现代科学的相互结合。酷似巨伞的祈祷大厅是这里最为雄伟的建筑，它一反伊斯兰教传统的洋葱形圆顶风格，采用了天蓝色的多角圆拱形设计，显得华丽无比。这里还有画廊、万桥廊、喷水池等景观供人欣赏。

03 马里安曼印度庙

精美的印度教寺庙

建于1883年的马里安曼印度庙是一座造型典雅的宗教建筑，是周边地区印度教信徒进行祈祷和举行各种宗教仪式的地方。这座寺庙的正门处造型异常华美，大门上方的塔式建筑上布满了各种雕像，它们都是取材于印度教神话，造型精美无比，让人过目难忘。进入寺庙内部能够看到巨大的马里安曼女神的雕像，其身上有金、银、祖母绿等装饰，精美绝伦。其他神灵的小型雕像也有很多，其姿势、神态各有不同。

Jalan Tun H. S. Lee (Jalan Bandar), Kuala Lumpur, Wilayah Persekutuan, 50050 ★★★★

04 独立广场

纪念马来西亚独立的广场

Merdeka Square ★★★★

独立广场是马来西亚的国家广场，它是马来西亚国旗首次升起的地方，在这里每年都会举行盛大的庆祝活动。这个广场的占地面积很大，极为空旷，除了一根全球最高的百米旗杆外，其余地方全是苍翠欲滴的草坪。广场一端有水池、廊柱和花坛等景物，那里既是供人休息的地方，也是地下广场的入口。站在广场中央可以看到两端不同风格的建筑，一侧是西欧风情的荷兰建筑，另一侧则是当地的伊斯兰式建筑，特别适合拍照留念。

05 苏丹阿都沙末大楼

吉隆坡的标志性建筑

苏丹阿都沙末大楼是一栋气势雄伟的建筑，它结合了东西方建筑文化的精髓，是吉隆坡的象征之一，马来西亚的最高法院等机构也位于这里。这里既有三个摩尔式铜质圆顶；也有酷似伦敦大本钟的高大钟楼，高40米，是景区内的制高点；那些莫卧儿式的门窗装饰，其精美华丽之处是难以用语言表达的。苏丹阿都沙末大楼还是国庆日大游行和迎新年盛会的举办地，游人们可以在此欣赏那些盛大的庆典仪式。

TIPS

Bangunan Sultan Abdul Samad Jalan Raja Laut, 50350 Kuala Lumpur, Kuala Lumpur Wilayah Persekutuan 03-22678088

★★★★

06 国家石油公司双塔大楼

世界上最高的双子塔

TIPS

Concourse Level, Petronas Twin Towers, Kuala Lumpur 乘Putra线轻轨可到 03-20511320

★★★★★

建于20世纪末的国家石油公司双塔大楼，高达452米，是全球最高的双塔建筑，也是世界第七高的大楼，已经成为吉隆坡的城市象征。这座高塔的独特之处在于双塔之间有一座连接天桥，它位于大楼的第41、42层之间，距地面170米。游人可以乘观光电梯到达楼顶，在那里的观景室内可以纵览吉隆坡的城市风光。每到夜幕降临的时候，双塔大楼灯火通明，与璀璨的群星相互映衬，给人以如梦似幻的感觉。大楼内还有古典音乐厅、石油博物馆等景点。

07 马来西亚王宫

造型华美的宫殿

TIPS

Jalan Syed Putra ★★★★★

马来西亚王宫是苏丹担任国王时居住的地方，由于轮流任职，这里每五年就会更换一次主人。有趣的是这座王宫本是一座富商的住宅，直到1926年才成为雪兰莪苏丹的王宫，马来西亚获得独立之后，它被选为国王居住的宫殿。王宫的整体造型恢弘典雅，拥有白色的墙壁和金色的圆顶。这里并不对外开放，但每天都会有卫兵换岗的仪式可供参观。

08 吉隆坡塔

世界第四高塔

TIPS

Menara Kuala Lumpur Jalan Puncak, 50250 Kuala Lumpur, Kuala Lumpur Wilayah Persekutuan

★★★★★

吉隆坡塔建筑在一座小山之上，高515米，塔身净高421米，位列全球十大高塔。这座高塔的造型华美，它虽然是一栋现代化的高楼大厦，却又有着古老的伊斯兰建筑元素。吉隆坡塔的整体造型借鉴了清真寺的尖塔形态，入口处的大厅穹顶装饰着晶莹剔透的玻璃，看起来如同一颗闪烁着耀眼光芒的巨大钻石。游人们可以乘坐高速电梯前往此塔的顶部，在那里不仅能俯瞰吉隆坡的都市风光，也能近观高大的双塔大楼，这种体验是别处难以获得的。

09 国家博物馆

展示马来西亚历史的地方

Jabatan Muzium Malaysia, Jalan Damansara 50566 Kuala Lumpur, Federal Territory of Kuala Lumpur, Wilayah Persekutuan, 50566 03-22826255 2林吉特 ★★★★

国家博物馆是马来西亚最著名的综合性博物馆，这里展品很多，可以让人充分地了解马来地区的发展历史。这个展馆不大，主楼只有两层，造型为“米南加保”风格的传统马来式建筑。大厅的入口处有两块长35.1米、高6米的巨型浮雕，上面介绍了马来半岛所经历的重大历史事件和手工艺品的制作过程。国家博物馆里共有4个展馆，既有介绍马来西亚发展的文字和图片资料，也有当地的民俗文化和风土人情的展示，展品中最具吸引力的当数露天展区内的旧式火车头、老爷车和仿古马来宫殿等。

10 寺庙公园

将自然风光搬入城市

寺庙公园是吉隆坡最大的公园之一，拥有包括500多公顷原始热带森林在内的广阔空间。让人很难想象在现代化的城市中竟然也能有这么原始的自然景色。人们在这座公园里可以和猴子、松鼠、鸟类、蝴蝶等动物为伴，能看到一泻千里的康星瀑布，还能登上两座高度分别为100米和350米的石灰岩山远眺市内风光，是人们放松身心的好去处。

TIPS

Persiaran Serai Wangi, Desa Alam, 40000 Shah Alam, Selangor 从吉隆坡可兰汽车站乘公交车可到 16-2718844 ★★★★★

11 黑风洞

当地印度教的圣地

黑风洞位于吉隆坡北郊，是一个石灰岩的溶洞群，由20多个大小不一的溶岩洞窟组成。每个溶洞都有不同的景色，其中黑洞和光洞是最著名的两处。黑洞里暗无天日，阴森透凉，生活着蛇、蝙蝠等喜欢黑暗的动物，而光洞则位于黑洞旁边，顶上开有一个小洞，一缕阳光从中照射进来，给这里增添了一丝神圣感。这里如今也是当地印度教重要的朝拜圣地，经常有信徒不辞劳苦来到这里做祈祷。

TIPS

Jalan Batu Caves MRR2, 68100 从吉隆坡可兰汽车站乘公交车可到 03-61858312 ★★★★★

SOUTHEAST ASIA GUIDE

Southeast Asia

畅游东南亚

7

马来西亚·槟城

地处马六甲海峡北口的槟城有上百年的海运和贸易历史，其首府乔治市是马来西亚的大港口之一，也是马来西亚唯一的自由港、第二大城市，拥有悠久的历史，汇集了不同国家和民族的移民文化。

01 槟城观音寺

槟城最古老的寺庙

TIPS

Lorong Stewart, 10200 Pinang ★★★★★

槟城观音寺是槟城最古老的寺庙，是19世纪初马来西亚的华人修建的。寺庙修建200年后，依然是当地华人的信仰中心。这座寺庙是典型的中国建筑，飞檐斗拱，金碧辉煌。正殿中供奉着高大的观音菩萨像，每个月的月初和十五，这里都会香火旺盛，尤其是在观音生日那天，来自各地的善男信女都会齐聚一堂，共同焚香祈福。

02 丘公祠

槟城最具有艺术价值的建筑之一

TIPS

18 Cannon Square, 10200 Penang, Malaysia, Pulau Pinang, 10200 04-2614609 5林吉特 ★★★★★

丘公祠全称为龙山堂丘公祠，是槟城最具有艺术价值的建筑之一。所谓公祠就是指华人的会馆，丘公祠是1835年从中国福建省迁来的丘氏家族的人建造的，祠堂内主要分寺庙和集会处两个部分，是仿造中国传统宫殿而建的建筑，分正中的正顺宫和两侧的福德宫及浴谷宫三座主殿，殿宇中拥有大量中国传统形象的雕塑，造型极为精致，让人赞不绝口。

03 甲必丹武吉清真寺 赏

槟城最大的清真寺

位于穆斯林聚居区的甲必丹武吉清真寺是槟城最大的清真寺，建于1800年。这座建筑造型十分优美，无论绿瓦白墙的外观，还是高耸入云的尖塔，都充满了浓郁的伊斯兰古典气息。人们需脱鞋后才能进入这里，走进清真寺，到处都是蓝、白两色，显得简朴而优雅。而从寺内传出的穆斯林的祈祷声更是增添了不少神圣的气氛。

TIPS

Lebuh Acheh, Georgetown, Pulau Pinang, Malaysia
04-2643494 ★★★★★

04 缅甸寺庙 赏

唯一的缅甸佛教寺院

缅甸寺庙位于槟城缅甸人集中的区域缅甸街，是马来西亚唯一一座缅甸佛教寺院，是当地缅甸人的信仰中心，也被他们称为“大众拜佛寺”。这是一座典型的缅甸佛教寺院风格的建筑，将寺和塔融为一体，建筑上半部是四方锥形塔，下半部是方形建筑。塔上每一级都装饰了波浪形的装饰物，显得华丽多姿，塔顶还有巨大的葫芦形尖顶，非常引人注目。

TIPS

Lorong Burma, Penang 04-2620202 ★★★★

05 蛇庙

蛇类聚居的寺庙

赏

Sungai Kluang,near Bayan Lepas Airport,Bayan Lepas,11900 从乔治城公交车总站乘66、78路公交车可到 04-2620202 ★★★★

蛇庙是槟城一座传统的道教寺庙，专门供奉中国宋末抗元英雄陈昭应。因为寺庙在1873年建好后，引来了数条青蛇在这里居住，所以也就有了蛇庙的称呼。如今来到这座庙里，随处都能见到盘踞着的蛇，胆小的人恐怕都不敢接近，但是这些蛇却对人十分友善。在寺庙正殿左右的侧室里还提供大蟒缠身拍照的服务，虽然惊险但是也颇为有趣。

06 极乐寺

马来西亚最重要的寺庙之一

赏

槟城极乐寺是马来西亚最重要的寺庙之一，建于1893年。这座寺庙依山而建，占地达12公顷，其中有大士殿、天王殿、大雄殿、藏经阁、东西客堂及放生池等，不过其中最著名的要数建于1930年的万佛塔，这座高塔兼具中国、缅甸、泰国等佛塔的特色。此外，在寺内的放生池墙壁上还有很多中国清末名士的题词，如康有为等人，很具历史意义。

在乔治城巴士总站乘1、91路公交车在终点站亚依淡下 04-8283317 2林吉特 ★★★★★

07 槟榔山

英国殖民时期最有名的度假胜地

赏

TIPS

Penang Hill 从黑水镇乘8路市内公交车在缆车上车处下

★★★★★

槟榔山位于槟城中部，是当地最有名的避暑胜地，在英国殖民时期，那些英国的达官显贵大多住在山上，因为山上山下联络都需要用旗语，所以这里就有了升旗山的别称。槟榔山海拔800多米，人们如今可以选择乘坐缆车前往山顶，不过徒步登山依然是更多人的首选。在上山的过程中可以观赏山间的各种奇花异草，美不胜收。而到了山顶，更可以从这里眺望槟城的城市风光，特别是夜景，令人过目难忘。

08 邦各岛

看神奇的海龟产卵

赏

TIPS

Pankor island 从吉隆坡乘飞机在邦各岛下 ★★★★

邦各岛是槟城外海的著名旅游胜地，由邦各本岛和邦各佬岛两部分组成。邦各岛面积不大，人们骑车只需2小时就能环岛一周，这里阳光灿烂，有“太阳岛”的美誉，岛上除了有自然风光外，还有荷兰城堡、微缩的中国长城、灵福宫等人文建筑。不过，去岛上参观最好还是在8、9月，这时候能看到著名的海龟排队产卵的奇景，这可是非常罕见的。

SOUTHEAST ASIA GUIDE

Southeast Asia

畅游东南亚

8

马来西亚·马六甲

地处马六甲海峡东岸南段的马六甲市是马来西亚历史最悠久的古城，其前身曾经是马六甲王国的都城，现今城内还有大量保存完好的古迹，可细细品味当地独特的风土人情。

01 马六甲市基督教堂 赏

马六甲知名的宗教建筑

Jalan Gereja 06-2848804 ★★★★★

位于马六甲市中心的基督教堂，是一座近代荷兰式的宗教建筑。它建于18世纪中期，既是这座城市发展历史的见证者，也是这座城市的象征。马六甲基督教堂的外墙为红色，充满着典雅大方的气息。漫步在教堂内部可以看到位于墙壁上的玻璃彩窗，它们的色彩极为绚丽。这里还悬挂着很多壁画，其中最为精美的一幅当数位于圣坛上方的《最后的晚餐》。这座教堂的独特之处在于它的房梁全部都是树木的躯干，且互不相连。

02 荷兰总督府 

见证历史的古老建筑

TIPS

The Stadthuys Jalan Gereja, 75000 06-2841934

5林吉特 ★★★★★

荷兰总督府建于17世纪中期，它是东南亚地区现存的荷兰式建筑中历史最悠久的，见证了这座城市几百年来的各种变化。这是一座造型典雅的三层建筑，现在被辟为马六甲的历史博物馆和民族博物馆，游人在这里可以了解到这座城市的发展与变迁。博物馆里的展品众多，既有荷兰殖民时期的文字图片资料，也有民众的生活用具。游人们站在窗口可以欣赏这座城市的美好风光。这里还有介绍马来西亚作家作品的文学博物馆。

03 圣地亚哥城堡

古代军事堡垒的遗迹

TIPS

Jalan Kota, 75000 ☎06-2314343 ★★★★

圣地亚哥城堡是大航海时代的葡萄牙人在圣保罗山下所建的要塞，它后来在与荷兰人的战争中被摧毁，现在只残留着一座城门和部分城墙。这座城堡在建成之后被誉为东南亚最大的军事要塞，游人们可以通过仅存的高大城门来想象它当年所拥有的宏伟气势。还有一座城堡得到了完好的保存，它虽然不是特别高大，但是极为坚固，外墙上的斑驳痕迹是它所经历的磨难的见证。

04 圣保罗教堂

赏

位于圣保罗山顶的教堂

圣保罗教堂原本是圣方济各教派所建的修道院的附属教堂，现在是圣保罗山上最著名的景点，也是东南亚地区最为古老的教堂。这座教堂的造型古朴典雅，最有趣的地方是它没有屋顶，所有设施都是露天的。据说因为这里是停放过天主教圣人方济各尸体的地方，所以才盖了这样一座独特的建筑来纪念他。

TIPS

Gereja St. Paul Jalan Kota, 75000 ★★★★

05 马六甲苏丹王宫

造型独特的王宫

TIPS

Jalan Kota,Kompleks Warisan, Malacca, 75000 06-2826526 2林吉特 ★★★★★

马六甲苏丹王宫曾是这里的统治者居住的地方，它原本位于圣保罗山的顶部，可以直接俯瞰马六甲河口，而现在这座供游人参观的景点是后人根据资料复原而来的。这座王宫的造型典雅，充满鲜明的马来特色，它的不凡之处在于整座宫殿为全木结构，没有使用铁钉等金属配件。王宫内还有一座马六甲文化博物馆，那里不仅展出了与古老王朝相关的各种资料，还有王室成员所使用的物品。

06 甘榜吉宁清真寺

马六甲最大的清真寺

建于1748年的甘榜吉宁清真寺，是一栋造型独特的建筑物，它融合了多种风格的建筑元素，是马六甲的名景。这座清真寺里最引人注目的当数金字塔形三层屋顶，它是受了苏门答腊及爪哇建筑风格的影响；寺庙里的雕刻有着飘逸的风格，具有强烈的中国风。漫步院内还能看到维多利亚时代常见的枝形吊灯，大厅里的科林斯式圆柱则给这里增添了庄严凝重的气息。

TIPS

Masjid Kampung Kling 75350 乘公交车在Stesen Bas Ekspres Melaka站下 ★★★★

07 青云亭

古老的中国式建筑

TIPS

Cheng Hoon Teng Temple 25 Jalan Tokong, 75200 乘公交车在Stesen Bas Ekspres Melaka站下 06-2829343 ★★★★★

青云亭建于1673年，它是由首位华人甲必丹郑启基所建，是华夏文明在马六甲的象征。这座殿堂在历史上曾经多次重建和扩修，现在映入人们眼帘的是一栋气势雄伟的楠木建筑。通过上书“南海飞来”四个大字的山门，就能看到雕梁画栋的主殿，里面有许多造型独特的雕像，让人过目难忘。这里供奉有观音菩萨，它的左侧是航海者的保佑神天后娘娘。亭内还供奉着很多华人的祖先牌位，并竖立着多块石碑。

08 圣彼得教堂

历史悠久的教堂

赏

圣彼得教堂是马六甲历史最悠久的教堂之一，它建于1710年，距今已有300多年的历史。这座教堂是由荷兰殖民者所建，并结合了东西的建筑风格，使之获得了鲜明的建筑特色，有着奇妙的美感。漫步在教堂内部，能够感受到空灵的气息，阳光从颜色绚丽的玻璃彩窗中照射进来，给这里带来了柔和的气息。这里是当地天主教教徒的信仰中心，每到举行大型庆典活动的时候他们就会聚集在这里。

TIPS

Gereja St. Peter Jalan Bendahara, 75100 乘公交车在Stesen Bas Ekspres Melaka站下 06-2822950

★★★★★

09 中国山

记载华人开拓史的地方

TIPS

Bukit China 75100 乘公交车在Stesen Bas Ekspres Melaka站下

★★★★

中国山是马六甲地区华夏文化聚集的地方，中国伟大的航海家郑和就曾在这里留下了足迹。这座小山林木葱茏，山脚下就是大名鼎鼎的保山亭，那里是供奉郑和的地方。它建于1795年，雕梁画栋，极为精美，里面有一尊造型精美的郑和塑像。漫步在中国山上能够看到许多具有中国元素的景物，其中就包括据说是郑和曾饮用过的“三保井”。山下的三保街是一条典型的中式街道，是购买纪念品和手工艺品的好地方。

10 海事博物馆

造型独特的博物馆

赏

海事博物馆是马六甲最有特色的博物馆，它的主体是仿造的一艘葡萄牙大型商船，常令第一次见到它的游客感到惊奇无比。这里收集了许多有关马六甲航运历史的文物，既有古老的海图和水文资料，也有罗盘、六分仪等航海用具，过去所用的笨重木箱也有展出。博物馆内还有许多具有纪念意义的宝物，包括珠宝、瓷器等物品。

TIPS

Taman Wan Show, 75100 2林吉特 

★★★★

SOUTHEAST ASIA GUIDE

Southeast Asia

畅游东南亚

9

马来西亚·其他

01 塔曼奈加拉国家公园

马来西亚的“绿色心脏”

塔曼奈加拉国家公园也称大汉山国家公园，位于马来西亚中部，一向有马来西亚“绿色心脏”的美誉。这里拥有一片1.3亿年前形成的原始热带雨林，其中包括2000多种树木、5000多种开花植物，而犀牛、大象、老虎等动物更是数不胜数。人们可以在这里进行野餐、踏青、垂钓、游泳等活动，好好地享受一下在大自然中放松自我的感觉。

Jerantut, Pahang, Malaysia

09-2663500 ★★★★★

02 华族历史文物馆

赏

展现华人在马来西亚的奋斗历史

华族历史文物馆位于沙捞越的古晋，是一座拥有100多年历史的古老建筑，其前身是一座华人法庭，专门处理华人的纠纷，后来又成为沙捞越华人总商会会址，可以说和华人有着难以割舍的联系。如今这里是来到古晋的中国人都会参观的地方，陈列了华人在马来西亚奋斗过程中的各种文物，是华人凭借其双手在马来西亚开拓进取历史的呈现。

TIPS

乘公交车在Encik Omar Jetty站下

03 猫博物馆 赏

世界上最大的猫博物馆

古晋也称猫城，猫是古晋的吉祥物。在这里拥有一座举世无双的猫博物馆，这座博物馆位于一座小山丘上，从那里可以眺望古晋城内的美丽风景。走进猫博物馆，立马就好像进入了一个猫的世界一样，到处都是猫的形象，将猫如何成为人类宠物的历史都展示了出来，还向人们介绍了世界上各种名贵的猫，资料之详尽令人咂舌，堪称一处猫迷们的天堂。

TIPS

Bukit Siol,Kuching 82-446688 ★★★★

04 沙捞越文化村 逛

马来西亚的“活博物馆”

沙捞越文化村位于山都望山脚下，距离山都望渔村很近，占地16公顷。这里素有马来西亚的“活博物馆”之称，共建有7个少数民族的民俗屋，分别是也即比达友族的长屋、伊班族的长屋、比南人的小屋、乌鲁族的长屋、米南劳族的高脚屋、马来诺族的房屋及华族的农村等，这些建筑都完全按照这些民族的传统而建，展现了他们各自不同的风俗，让人大开眼界。

TIPS

Pantai Damai, PO Box 2632 Santubong, Kuching, Sarawak 在古晋乘公交车在山都望下 82-423600 ★★★★★

05 库巴国家公园 玩

全世界最古老的热带雨林

库巴国家公园距离古晋只有20多公里，这里拥有全世界最古老的热带雨林。在公园里有两个最著名的景点：一个是马当野生动物中心，这里放养着多种热带珍稀野生动物，它们可以在这里恢复野性，回归自然。另一个是位于拉鲁河畔Sungai Rayu的长屋Rumah Juqah，这里是让游人们体验当地少数民族民情的地方，人们可以选择在长屋里住上一晚，好好体会一下当地的风俗。

TIPS

the kubah national park, Kuching 从古晋乘公交车可到 ★★★★★

06 巫鲁山国家公园 玩

世界上研究最充分的热带岩溶地区

巫鲁山国家公园是沙捞越州东北部的一处茂密的原始森林区，以其生物多样性和岩溶地形著称，是世界上研究最充分的热带岩溶地区。这座公园占地52864多公顷，仅植物就有数千种。这里还有多个溶岩洞窟，其中最大的当数长600米、宽415米、高80米的沙捞越穴，这是世界上已知的最大洞穴，是无数地质爱好者趋之若鹜的游览胜地。

TIPS

Gunung Mulu National Park, Miri, Sarawak, Sarawak, 98050 从米里乘公交车可到 82-246575 ★★★★★

07 基纳巴卢国家公园

马来西亚第一批国家公园

TIPS

Kinabalu National Park, Mt. Kinabalu 从哥打基纳巴卢乘空调公交车可到 ★★★★★

基纳巴卢国家公园是马来西亚第一批国家公园之一，也是马来西亚最早列入世界遗产的国家公园。这座国家公园以基纳巴卢山为中心，这座山被称为“神山”，海拔4101米，它线条粗犷，好像一个顶天立地的伟岸男子，尽显阳刚之美。人们可以通过登山道徒步上山，沿路到处都是美丽的自然风景，而在半山腰也有旅馆、温泉等设施，给人们提供休息的场所。

08 东姑阿都拉曼国家公园

玩

五座功能不同的岛屿

东姑阿都拉曼国家公园是一座由5个岛屿组合起来的群岛公园，分别是沙碧岛、曼奴干岛、加雅岛、玛木堤岛和苏禄岛，这五座岛屿大小不同，各具特色。比如沙碧岛适合潜水，可以到水下与鱼儿共舞。曼奴干岛拥有大片美丽的珊瑚礁，它们婀娜多姿，非常漂亮。在加雅岛上，人们可以入住马来高脚亚答屋，享用美味的海胆。而玛木堤岛和苏禄岛都非常适合野营，这里拥有最原始的自然风貌，和大自然接触再好不过了。

Manukan Island, Kota Kinabalu, Sabah, 88100 88-248698 25林吉特 ★★★★★

09 沙巴海龟岛国家公园

玩

看海龟产卵的神奇景观

沙巴海龟岛国家公园位于沙巴东海岸，这里是东南亚最重要的海龟产卵及孵化地，在这里生活着很多种海龟，包括濒临绝种的绿海龟等。白天这里显得平淡无奇，而到了晚上，这里就会变得精彩而热闹。各路海龟会从海里爬上来，在沙滩上产卵，这是它们唯一上岸的时候。而到了小海龟孵化出来以后，它们又会成群结队地努力爬向大海，场面十分壮观。

TIPS

上午10:30在山打根码头乘快艇可到　10林吉特　★★★★

10 西巴丹岛

玩

沙巴最著名的潜水景区

TIPS

Pulau Sipadan　从山打根乘车在仙本那换乘去西巴丹岛的船　★★★★★

西巴丹岛是沙巴最著名的潜水景区，这里可以说是世界上顶级的潜水胜地。西巴丹岛是一座深海海岛，宛如一根擎天大柱从海底笔直伸出，只要在海边多跨出一步，水深就会立刻从3米变成600米，因此这恰恰就成为最好的潜水环境。人们在水下可以看到成片的珊瑚、海葵，时常还会有一大群的白鱼从身边游过，还能和憨态可掬的海龟做亲密接触。

11 哥曼东洞穴

世界上最著名的燕窝采集地

从山打根乘车可到 30林吉特 ★★★★★

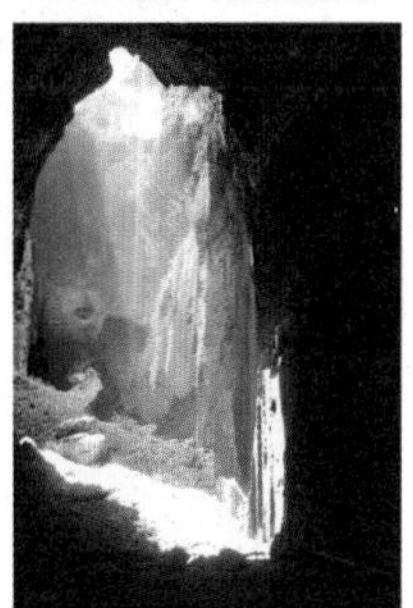

哥曼东洞穴位于哥曼雨林的中心部位，这里是世界上最著名的燕窝采集地。在洞窟里生活着大量的金丝燕和白燕，人们可以通过洞中特别设立的木板路仔细地观看这些燕子的筑窝过程，还能看到燕窝采集工人们不畏艰险攀登上高高的洞壁采集燕窝的样子，让人不禁为他们捏一把汗。这里出产的燕窝质量极高，质地饱满柔软，具有很高的营养价值，因此价格也非常昂贵。

12 西必洛猿人保护区

红毛猩猩的自然保护区

TIPS

Labuk Road Km 22, Kuala Lumpur 从山打根乘标有SepilokBatu14的蓝色公交车在保育中心站下 88-248698 30林吉特 ★★★★

西必洛猿人保护区是专门为了保护一种被称为“婆罗洲野人”的红毛猩猩而建立的，这是一种被科学家们称作是和人类最接近的灵长类动物。这个保护区占地45平方公里，是世界上最大的类人猿保护区。在这个保护区内生活着各种各样的猩猩、猴子等灵长类动物，还有马来犀牛等濒临灭绝的动物。人们在这里可以看到红毛猩猩的日常生活，以及饲养员喂食的过程。

13 蒙索毕悦文化村

看各种稀奇古怪的动物头骨

在哥打巴鲁市政厅乘13路公交车在Donggongon镇换乘公交车在Terawi站下 65林吉特 ★★★★★

蒙索毕悦文化村也被称作猎头族文化村，这是为了纪念卡达山杜顺族的猎头英雄蒙索毕悦而建立的。在这座文化村里，最著名的就是各种头骨的展览，在展览厅内摆放着各种各样的动物头骨，乍看起来令人有点毛骨悚然，但是这却代表了当地原住民的民俗文化，展示了卡达山杜顺族人民的日常生活及习俗，颇具沙巴传统文化气息。

GO!印度尼西亚!

1 概况

印象

印度尼西亚是世界上最大的群岛国家，它横跨亚洲和大洋洲，一共有1万多个岛屿，通常也被人称作“千岛之国”。这里火山遍布，地震活跃，美丽的火山风光和漫长的沙滩是这里最典型的自然景色。尤其是在首都雅加达，这里到处都是茂密的植物和花卉，拥有花园之都的美誉。自然风光如同山水画一般的印度尼西亚，日益成为人们旅游的热门地方，每年都会有世界各地的游客纷至沓来。

地理

印度尼西亚位于西太平洋上，拥有3.5万公里的海岸线。赤道从国土正中穿过，是太平洋和印度洋、亚洲和大洋洲之间的要冲，地理位置极为重要。同时这里正好处于环太平洋地震带和火山带上，因此全国共有大小火山400多座，其中活火山就有77座，是一个多火山、地震的国家。

气候

印度尼西亚是典型的热带雨林气候，年平均气温为25℃~27℃，一年只分旱季和雨季，没有四季差别；而且南北部分别受到不同季风的影响，雨季的时间各有不同。

区划

印度尼西亚共有30个行政区划，包括雅加达首都特区、日惹和亚齐达鲁萨兰2个地方特区，和北苏门答腊、西苏门答腊、廖内、占碑、朋古鲁、南苏门答腊、楠榜、邦加－勿里洞、西爪哇、中爪哇、东爪哇、万丹、巴厘、西努沙登加拉、东努沙登加拉、北马鲁古、南马鲁古、巴布亚、北苏拉威西、中苏拉威西、东南苏拉威西、南苏拉威西、哥伦打洛、东加里曼丹 、中加里曼丹、南加里曼丹、西加里曼丹等27个省。

人口和国花、国鸟

印度尼西亚共有人口2.55亿，居世界第四。国花为茉莉花，国鸟为雄鹰。

2 交通

飞机

印尼交通十分便利，航空网以雅加达为中心，与国内外主要城市交织而成。新加坡、马来西亚、泰国、香港、中国、巴基斯坦、欧洲和北美各国都有飞往印尼的航班，印尼国内各大城市间也都有航班相通，雅加达、泗水、棉兰、丹巴刹之间每天有多个航班来往。

轮船

印尼是个岛国，各主要岛屿间大多依靠轮渡和客轮相通，轮渡还可搭载游客的汽车。如走陆路从爪哇岛去苏门答腊岛，游客可先乘车至西爪哇北部西端的孔雀港（Merak），然后搭乘轮渡穿过巽达海峡，到达苏门答腊南部楠榜省的巴果亥尼(Bakauheni)。从爪哇岛去巴厘岛，可从爪哇岛东端的外南梦（Banyuwangi）搭乘轮渡穿过巴厘海峡，到达巴厘岛西端的吉利马奴克（Gili-manuk）。

出租车

在巴厘岛出租车起步价为2000卢比，每公里费用约为450卢比。出租车颜色有蓝、绿、橙、白几种，代表了不同的出租车公司，最好搭蓝色车，其次是绿色或橙色车，但费用可能要多一成。乘白色车之前要先谈好价钱。通常要给司机小费，价格为500卢比或1000卢比面额下的零头。

巴士

在巴厘岛几个较大的城镇里，可以乘巴士旅游。Shuttle Bus是一种可预约的巴士，你可以事先谈好价钱与乘车时间及地点，比较方便。另外，你可以乘坐巴厘岛上特有的小型汽车Bemo，有特定的路线，车上可载12名乘客。费用较低，但条件也比较差，一般车上都没有冷气；等车的时间也较长，而且要留意末班车的时间。

3 旅行常识

货币兑换

印尼的法定货币为卢比（Rupiah），纸币面值为：100000卢比，50000卢比，20000卢比，10000卢比，5000卢比，2000卢比，1000卢比；硬币有：1000卢比，500卢比，200卢比，100卢比，50卢比。卢比与人民币的汇率在1500:1上下，汇率常有变动，具体浮动请实时参考。

时差

印度尼西亚跨越东七区、东八区、东九区三个时区。首都雅加达属于东七区，比中国北京早一个小时。巴厘岛和中国同属东八区。

语言

印度尼西亚官方语言是印度尼西亚语。印尼语属于马来-波利尼西亚语系，全国通用印尼语。

住宿

印尼各大城市四星级以上的大饭店，其设备和服务都达到了世界水准，但住宿价格也较高，五星级饭店的普通客房收费标准都在200美元上下。二、三星级的旅馆，虽然不豪华，但居住设备齐全，清洁舒适，价格比大饭店低许多，普通客房每晚收费在三四十美元至八九十美元之间。无星级的小旅馆，一般设施较差，但价格相当便宜，每间房每晚只收十几美元至几美元不等。雅加达大饭店大多集中在J1. Thamrin路附近。此外，有一种称为“Horison”的休闲型饭店，离市区有一段距离，可欣赏到整个雅加达湾的风情。旅游者出国前如来不及预订，可抵达后到机场内的饭店服务中心或市旅游服务中心预订。

通讯

中国移动公司的手机可以漫游到巴厘岛，但收费非常昂贵。可以随身带两部手机，一部漫游接收来电号码（不接听）和收短信（不收费），一部使用当地手机卡回拨。如果使用中国漫游手机号码：拨打国际长途与使用当地号码方法一样，需要加国家代码；拨打巴厘岛当地的号码，需要加拨00+当地的国家代码+区号，即0062361，例如0062361-7928585。也可以购买当地手机卡，很多商店都出售手机Sim卡，在机场也可以买到。拨打本地电话一般800~1500卢比/分钟，接听免费，在便利店就可以充值。没有紧急情况不要使用酒店客房的电话，收费很高。用在当地买的手机Sim卡，拨号前加拨01016，打回中国约2000卢比/分钟。街头挂“Wartel”招牌的地方也可以打IP电话，打回国内4000卢比/分钟。如果使用巴厘岛手机号码：拨打国际长途，需要拨00+国家代码+（固定电话加拨区号）+电话号码，例如拨打上海的固定电话就是008621-12345678，139手机号码则是0086-13912345678；拨打巴厘岛本地电话就直接拨打0361-7928585。

电压

印度尼西亚同中国一样使用220V的电压，两孔圆形插座。

最佳旅游时节

印度尼西亚是全世界最大的群岛国家，被誉为“千岛之国”。印度尼西亚属于热带雨林气候，四季皆夏，各岛处处青山绿水，又被称为“赤道上的翡翠”。所以四季旅游皆宜，可根据自己的喜好安排出行。

禁忌

印度尼西亚人大多信奉伊斯兰教，还有一些人信奉基督教和天主教。印度尼西亚人忌讳用左手传递东西或食物。他们把左手视为肮脏、下贱之手，认为使用左手是极不礼貌的。他们忌讳有人摸他们孩子的头部，认为这是缺乏教养和污辱人的举止。印度尼西亚巴杜伊人崇尚白色、蓝色和黑色，除此之外，他们禁忌穿戴其他色彩的衣服，甚至连谈论都不允许。爪哇岛上的人最忌讳有人吹口哨，认为这是一种下流举止，并会招来幽灵。印尼人对乌龟特别忌讳，认为乌龟是一种令人厌恶的低级动物，它给人以“丑陋”、“春药”、“性”、“污辱”等极坏的印象。他们忌讳老鼠，认为老鼠是一种害人的动物，给人以“肮脏”、“瘟疫”和“灾难”的印象。伊斯兰教教徒禁食猪肉和猪肉制品，大多数人不饮酒。印尼人一般都不喜欢吃带骨刺的菜肴。

SOUTHEAST ASIA GUIDE

Southeast Asia

畅游东南亚

⑩

印度尼西亚 · 雅加达

地处爪哇岛西北部的雅加达是印度尼西亚首都，又称为“椰城”。雅加达分为旧城区和新城区两部分，其中旧城区内遍布众多欧陆风格的古典建筑，新城区则是雅加达的金融政治中心，拥有众多现代化的摩天大厦。

01 伊斯帝赫拉尔清真寺 赏

印度尼西亚最大的清真寺

TIPS

Jalan Kathedral, Jakarta, 10110 乘公交车在Stasiun Gambir站下 ★★★★★

伊斯帝赫拉尔清真寺建于1979年，是印度尼西亚的国家清真寺，该国的重大宗教活动和仪式都是在这里举行的。这座清真寺位于独立广场的北部，它占地93.5公顷，气势恢弘，是东南亚最大的清真寺之一。穿过拱门，就能看到雄伟的中央礼拜大厅，它的顶部是白色的半圆顶。清真寺的内部有着很多精美的装饰，令人眼花缭乱。

02 独立广场 逛

雅加达的象征

TIPS

Lapangan Merdeka 雅加达火车站出站即是 ★★★★

独立广场是为了纪念印度尼西亚摆脱荷兰殖民者的统治而建的，它也是雅加达最具魅力的广场。在广场上漫步可以看到纵横交错的道路和枝繁叶茂的林木，平坦的草坪上点缀着鲜艳的花朵。广场四周的建筑众多，总统府、伊斯帝赫拉尔大清真寺、中央博物馆等景点都在附近。独立广场上有一座高大的纪念碑，它就是著名的独立纪念碑。

* 独立纪念碑

纪念印度尼西亚独立的丰碑

高达137米的独立纪念碑是雅加达最高的建筑物，它是印度尼西亚民族独立的象征。纪念碑的碑身上有多块大型浮雕，记载着印度尼西亚人民反抗荷兰殖民者的英勇事迹。纪念碑的底部是一个博物馆，里面展出了很多以独立运动为主题的绘画和雕塑艺术作品。游人还可以乘坐电梯来到碑顶，俯瞰雅加达的都市风光。

03 印度尼西亚缩影公园

玩

全景展示印度尼西亚风情的公园

印度尼西亚缩影公园是雅加达的著名景点，这里汇集了印度尼西亚最具代表性的景物，让人不必远行就能领略印度尼西亚的各地美景。缩影公园共分为27个展区，不仅有印度尼西亚各地的标志性景点，还有当地的民俗风情展览。游客在缩影公园里还能乘坐游船，游览印度尼西亚各岛，而空中缆车、小型火车或马车等行进方式也各有其独到之处。还有图书馆、博物馆等景点。金蜗牛电影院里则播放着介绍印度尼西亚风光的电影。

TIPS

Dukuh, 13550 21-78845845 6000卢比

★★★★

04 印度尼西亚国家博物馆 赏

印度尼西亚最大的博物馆

印度尼西亚国家博物馆是一座古朴典雅的欧式建筑，它是印度尼西亚最大、收藏品最多的博物馆。博物馆前方的草坪上有一尊大象的铜像，它是这里的象征。这里的展馆很多，每一个都有着自己的独到之处，令人流连忘返。金银饰物室展出了许多珍贵的宝物，有多件都是价值连城的珍宝。青铜器室里展出的则是古代印度尼西亚人所铸造的青铜器，货币室里展出的则是印度尼西亚货币发展史的简介，这里还有古物展览室、史前展览室、木器展览室、民俗展览室、东印度公司陈列室等景点。

TIPS

12 Jl. Medan Merdeka Barat，10110 乘公交车在jalan Merdeka Barat站下 21-3868172 750卢比 ★★★★★

05 安佐尔梦幻公园 玩

雅加达最著名的游乐园

安佐尔梦幻公园是印度尼西亚最大的主题公园，它是一个集旅游休闲、娱乐餐饮等多功能于一体的景区。漫步在公园里可以看到各种美好的海景风光，在水族馆里欣赏千奇百怪的海洋生物。儿童游乐场和海豚表演池则是深受孩子们欢迎的地方，游人们在大型游泳池里享受人造波浪，在网球场、高尔夫球场里感受运动的乐趣。安佐尔梦幻公园里有印度尼西亚风情的民族舞蹈表演，还有富有当地特色的手工艺品出售。

TIPS

7 Jalan Binaria 2, 14430 21-64710497 7500卢比 ★★★★★

06 唐人街

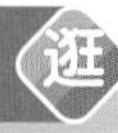

逛

印度尼西亚最著名的唐人街

TIPS

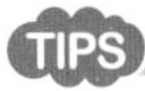

Jl.Pintu Besar ★★★★

唐人街是印度尼西亚新兴的一景，这里充满了中国特色，是一个极为有趣的景点。漫步在大街上，可以感受到这里的热闹喧嚣之处与中国国内一模一样，那些中文招牌让人顿生亲切感。唐人街的商店里出售很多有趣的商品，既有当地出产的手工艺品，也有充满印度尼西亚民族特色的衣物和饰品。

07 拉古南动物园

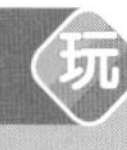

玩

印度尼西亚最著名的动物园之一

TIPS

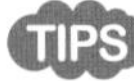

Jl.R.M. Harsono No.1 Ragunan Jakarta 12550，South Jakarta ★★★★

拉古南动物园是雅加达著名的景点，这里有270多种动物，共计3000余只，印度尼西亚90%的动物在这里都能看到。漫步在动物园内，可以看到高大的爪哇野牛、凶猛的苏门答腊虎，也能看到身形娇小的迷你犀牛和倭水牛，这些动物在别处很难见到。巨大的科摩多巨蜥是曾称霸地球的恐龙家族的唯一后裔，颜色鲜艳的红毛猩猩充满着独特的情趣。游人还能在独特的树屋中居住，感受身处大自然中的感觉。

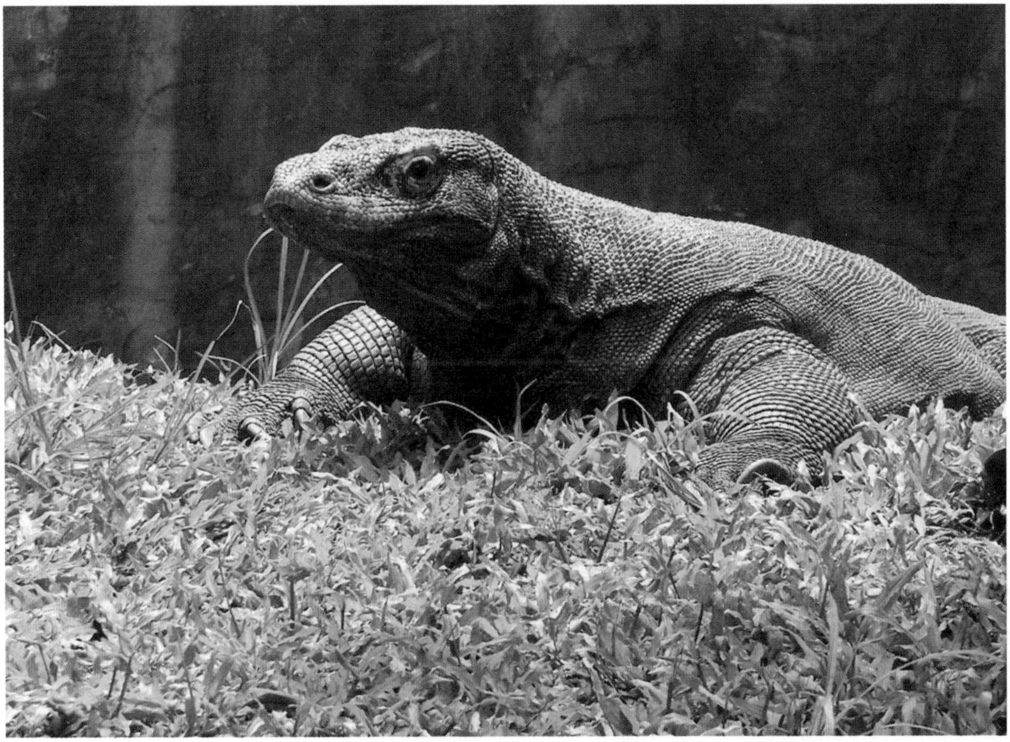

SOUTHEAST ASIA GUIDE

Southeast Asia

畅游东南亚

11

印度尼西亚·巴厘岛

风光迷人、充满文化气息的巴厘岛是一处如天堂般美丽的度假胜地，巴厘岛南部更是拥有迷人的海滩、繁华的购物街和鳞次栉比的餐厅、酒吧、度假饭店，这里是尽情享受热带岛国风光的绝佳地方。

01 巴厘岛博物馆

形似寺庙的博物馆

巴厘岛博物馆位于巴厘岛的市民广场附近，是荷兰人在1932年建立起来的。这是一座巴厘岛传统建筑，造型很像巴厘岛上的寺庙。博物馆共分两层，第一层陈列着许多色彩鲜艳、构图复杂的工笔画，第二层则陈列着各种木雕艺术品和木质的日用工具，还有神庙霹雳门雕饰、神鸟和人像等，极富巴厘岛本土艺术特质。四周走廊上展示着很多人像，这些人像个个神情逼真，栩栩如生。

TIPS

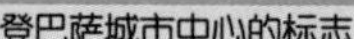

Jl.Suglanyar 0361-222680 2000卢比 ★★★★★

02 普普丹广场

逛

登巴萨城市中心的标志

普普丹广场位于登巴萨的中心位置，在广场上还有一块城市中心的标记，表示这里是登巴萨的正中心。这里拥有浓密的绿荫和广阔的草坪，人们可以随意休息，此外周围还竖立着造型各异的雕像，展示巴厘岛人的艺术天分。最吸引人的还是要数一处面积达4平方米的国际象棋棋盘，上面的棋子有近1米高，如果能下这么一盘棋，也是一种别样的感受。

TIPS

Jl.Surapati ★★★★

03 库塔海滩 玩

巴厘岛最美丽的海滩

距离登巴萨不远的库塔海滩号称巴厘岛最美丽的海滩，这里的海滩平坦，沙粒洁白、细腻，是进行冲浪、滑板等水上运动最好的地方。无论沙滩上还是大海里都是尽情玩耍的人，到了晚上还有专门为人们准备的巴厘岛传统舞蹈表演。此外，海滩周边的商业非常发达，各种酒店、商场应有尽有，十分方便。

Kuta Beach ★★★★★

04 爆炸纪念碑 赏

纪念在恐怖袭击中的死者

2002年10月12日，在巴厘岛库塔地区发生了骇人听闻的炸弹爆炸事件，造成200多人死亡，成为巴厘岛永远挥之不去的伤痛。这座爆炸纪念碑就位于爆炸事件发生的酒吧处，整个纪念碑用大理石建成，造型庄严肃穆。上面镌刻着全部遇难者共计202人的名字和国籍，每天都有不少外国人在这里献上鲜花，为这些遇难者默哀。

Jl.Legian与Gang. Poppies II交会处 ★★★★

05 库塔广场

巴厘岛最著名的商圈

TIPS

Jl.Kartika Plaza ★★★★★

库塔广场是巴厘岛最著名的商圈，位于库塔海滩附近，向来以出售各种商品的小店而闻名。在这里有巴厘岛最著名的商场太阳百货，商品大多较为精致，很多都是知名品牌，虽然价格比起其他小商店来要高，但是质量等方面都较有保障。除了商场外，还有不少餐厅、饭店和便宜的旅馆，是背包客们不可不来的胜地。

06 库塔艺术市场

巴厘岛传统的市集之一

库塔艺术市场是巴厘岛传统的市集之一，这里汇集了很多出售巴厘岛传统纪念品的小摊，诸如印有各种标志的T恤衫，或是小巧有趣的开瓶器等，这些小东西很受外来游客们欢迎。此外还有不少巴厘岛传统的木雕、石雕、纺织品等，只要你善于杀价，就能以很低的价钱得到它们。

Jl.Kartika Plaza与Jl.Bakugsari交会处 ★★★★

07 DFS 环球免税店 

巴厘岛最著名的免税商店

DFS 环球免税店是巴厘岛最著名的免税商店，也是巴厘岛上最大的商店。除了有蒂凡尼、古驰、爱马仕等世界知名品牌的精品服饰，还有不少只有在这里才能见到的商品，甚至商店还为每个客人专门提供那些极具巴厘岛特色的商品。同时这里因为是免税店，货品的价钱都比别处便宜很多，因此就成了游客们购物的首选。

Jl.Bypass Ngurah Rai,Kuta，Denpasar 0361-757785

★★★★★

 丹戎白努亚海滩 

巴厘岛的海滨胜地

TIPS

Jl.Pratama，Tanjung Benua ★★★★★

丹戎白努亚位于巴厘岛南部突出于海面的地方，这里也是不亚于库塔海滩的巴厘岛海滨胜地。这里拥有一大片设施精良的度假村，不少有钱人将他们的别墅建造在这里。除了有常见的沙滩和大海风光外，各种水上运动项目也是吸引人们的焦点。除此之外，这里还有高档的五星级酒店、高尔夫球场、世界级的购物中心等，可以满足任何一个游客的需求。

09 金巴兰海滩

巴厘岛上最亲切的海滩

Jimbaran Beach ★★★★★

无论海滩的面积还是热闹程度，金巴兰海滩都无法与努萨杜瓦海滩或是库塔海滩相提并论，但是这里却被认为是巴厘岛上最亲切的海滩。这里拥有难得一见的原始渔村的平淡风情，也有在别处看不到的幽静海滩和美丽的落日景观。在这片漂亮的海滩上，欧洲人喜欢租上一块小舢板，到海里和大海共舞，而亚洲人则喜欢品尝美味的海鲜烧烤，他们都能找到自己的乐趣。

10 GWK文化公园

看巨大的毗湿奴塑像

GWK文化公园也称神鹰广场，其中GWK是指印度教的主神之一毗湿奴和他的坐骑迦楼罗。这是一座充满着印度风情的公园，到处都是印度教中的神像。这里最醒目的还是要数巨大的毗湿奴和迦楼罗铜像，虽然由于种种原因这座神像并未最终完成，毗湿奴像只能看到上半身，而迦楼罗也只有一个头，传说如果这座铜像完成的话将有169米高，是世界上最大的铜像之一。

GWK Culture Park,Jl.Uluwatu ★★★★★

11 沙努海滩

巴厘岛开发最早的海滩之一

Jl.Danau Tamblingan ★★★★★

沙努海滩是巴厘岛开发最早的海滩之一，和人潮涌动的库塔海滩相比显得更为宁静，沿岸有很多珊瑚礁，非常适合进行潜水运动，人们可以从这里下水，在变化多端的珊瑚丛中往来穿梭，和鱼儿一起嬉戏。而到了傍晚，迷人的夕阳风光更是吸引了众多游人。在这里有一座11层的酒店，是岛上最高的建筑，因为破坏了四周的环境而备受诟病，此后当地政府下令所有建筑都不得高于椰子树。

12 Neka美术馆

赏

收藏最丰富的美术馆

Neka美术馆是巴厘岛上收藏最丰富的美术馆，位于有“艺术之乡”之称的乌布，这里一直都是世界各地画家的采风之处，100多年来画家们创作了无数关于这里的画作。美术馆主要分成9个部分，每个部分的主题和时间段各不相同，反映了从过去到现在、从巴厘岛到全世界的艺术发展历史。此外，这里还展示雕刻、摄影、戏剧等艺术门类，将一个多姿多彩的艺术世界展现在人们眼前。

Raya Campuhan St.Kedewatan Village, Ubud, Gianyar 0361-975074 ¥20000卢比 ★★★★

13 Puri Lukisan美术馆

赏

乌布王子建立的美术馆

Puri Lukisan美术馆也被当地人称作“缯画宫殿”，是过去的乌布王子建立的。最初规模很小，只有几个展柜，如今规模则比以前大了很多。这里收藏了各个时期的巴厘岛传统艺术品，很多都是来自欧洲，其中包括荷兰在后期归还巴厘岛的古代缯书等珍贵文物，此外还有很多巴厘岛知名艺术家的最新创作。这里将巴厘岛的艺术完整地收拢在一起，向人们集中展示。

Jl.Raya Ubud, Ubud, Gianyar 0361-975136 20000卢比 ★★★★

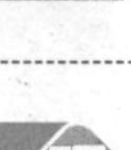

14 猴子森林

玩

聚居了数百只猴子的森林

在巴厘岛，很多人都是虔诚的印度教教徒，他们相信猴子就是印度教里的神猴哈努曼的化身，所以对猴子十分崇敬。在猴子森林里聚居了上百只猴子，当地人任由它们自由生活，还不时送去食物等，以示对这些猴子的敬仰之情。人们可以和猴子亲密接触，不过这些猴子可不是好相处的，一不小心就会被它们咬伤或抓伤，所以一定要万分注意。

Jl.Monkey Forest, Ubud, Gianyar 10000卢比 ★★★★

15 巴东市场

感受巴厘岛人的平常生活

TIPS

Jl.Uluwatu 5000卢比 ★★★★

位于登巴萨的巴东市场是游人切实感受巴厘岛人平常生活的好地方，这里没有现代化的高层建筑，也没有令人眼花缭乱的流行品牌，有的只是如我们平时所看到的市场那样杂乱摆放的地摊和头顶篮子沿街叫卖的商贩，显出浓郁的生活气息。市场一层出售水果蔬菜，二、三层出售巴厘岛特有的各种手工工艺品，不过很多来这里的游客并非专门要买这里的商品，而是为体验巴厘岛最朴实的生活。

16 梦幻海滩

小巧而美丽的海滩

TIPS

Jl.Uluwatu 5000卢比 ★★★★★

梦幻海滩是巴厘岛一处规模并不是很大的海滩，总长不过500米。不过小归小，这里的风景可一点也不比别处逊色，金黄色的沙滩、蔚蓝的海水、空灵的蓝天，组合成一处让人心驰神往的海滩美景，经常可以看到人们坐在沙滩上休息，或是用沙子在沙滩上堆起一座座城堡，然后看着涨潮的海水将其冲塌，别有一番乐趣。

17 乌布王宫 赏

乌布王朝时代的王宫

乌布王宫位于巴厘岛乌布地区最繁华的地段，这里是巴厘岛乌布王朝时代的王宫，在巴厘岛具有重要的地位。当人们走到这座王宫前，立刻就会被它高贵、精致、富有艺术感的造型所吸引。走进王宫，更会被满是金箔的装饰弄得眼花缭乱，在王宫里到处都是精美的艺术品，各个精致的石雕和木雕都体现出巴厘岛深厚的文化特色。

Ubud Palace,Jl.Raya Ubud,Ubud,Gianyar

★★★★★

* 王宫传统舞蹈表演

展现巴厘岛的传统艺术

王宫传统舞蹈表演是乌布王宫里最有特色的娱乐项目，在这里经常会举行雷贡舞、假面舞、迎宾舞等传统舞蹈的表演，这些表演都是由巴厘岛当地的专业团体奉献，如果想体验最正宗的巴厘岛传统艺术，这里的机会可万万不能错过。

18 巴杜尔火山 赏

巴厘岛上最著名的火山

巴杜尔火山位于巴厘岛中部，是岛上最著名的活火山之一。这座火山海拔1717米，拥有巨大的火山口，山四周都是被火山岩冲刷过的深黑色平地，远远望去特别壮观。有时候火山口还会向外冒着浓烟，大山的雄伟壮阔尽显无遗。这座火山在近100年中多次喷发，每一次喷发都给当地居民带来过灾难，不过遍布的火山灰也使得土壤肥沃，为这里创造财富提供了得天独厚的条件。

Kintamani ★★★★★

19 布拉坦湖 赏

宛如翡翠一般的火山湖

布拉坦湖位于巴厘岛中部的山区。地处海拔1200米的高原上，这里终年保持18℃到24℃的气温，让人感觉非常舒服。这片湖泊分割了巴厘岛南北山脉，是巴杜尔火山喷发形成的火山湖。每当艳阳当空，湖面上波光粼粼，就好像镶嵌在黑色山体中的一块翡翠一般。湖四周更是云雾缭绕，森林密布，在自然之美中还展现出一丝神圣的气氛。

Candikunin Park 0362-21197
3300卢比 ★★★★★

20 马伦达努神庙 赏

祈求风调雨顺的水神庙

马伦达努神庙位于布拉坦湖畔，因为这片湖泊是当地灌溉农田的水源所在，所以人们为了祈求风调雨顺，特别在这里修建了这座马伦达努神庙。这座神庙可以说是巴厘岛最具特色的庙宇之一，因为这座庙完全修建在水上，因此人们无法登上神庙，而只能在湖边远望。这里的佛塔高高耸立，殿宇小巧精致，俨然成为布拉坦湖最引人注目的标志。

TIPS

Pura Ulun Danu Bratan, Candikuning Park, Candikuning, Tabanan 0362-21197 3300卢比 ★★★★

21 巴厘岛植物园

赏

遍布奇花异草的植物园

Candikuning, Baturiti Bedugul, Tabanan 0368-21273 5000卢比 ★★★★★

始建于1959年的巴厘岛植物园是岛上最大的植物园之一，这里占地154公顷，依照山势从低到高分布着大量各式花木，人们可以看到诸如绿色玫瑰这种十分稀有的花草，还能和那些参天古木来个亲密的拥抱，享受身处大自然中的乐趣。当然，这里的乐趣绝不只是看各种植物，还有不少活动设施，人们可以攀爬跳跃，锻炼一下身体。

22 母庙

赏

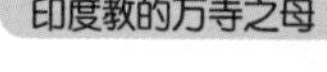

印度教的万寺之母

母庙也叫伯萨基寺，建于11世纪，是巴厘岛上最古老的寺院，也是巴厘岛上印度教寺庙的总部所在，因此也被称作“万寺之母”。这座寺庙由30多座庙宇组成，其中庙宇屋顶的级数代表着重要程度，从1级到11级不等。最高的主庙中供奉着印度教主神湿婆，左右两座次一级的供奉梵天和毗湿奴神。每座庙宇均气势威严，华丽异常，是巴厘岛上最美丽的寺庙群落。

Mother Temple of Besakih, Rendang 7500卢比 ★★★★★

23 海神庙 赏

位于海中的庙宇

海神庙是巴厘岛最具特色的海边庙宇之一，建于16世纪。这座庙矗立在大海边的一座岩石上，每当涨潮的时候，涌起的海水会将庙宇周围的岩石全都淹没并和海岸完全隔绝，使得神庙看上去就好像是从水中升起来一般。而每当夕阳西下，金色的阳光照射在庙宇上，散发出神圣的光辉，因此这座庙深受当地信众的崇拜，也被来自各地的摄影师所青睐。

Pura Tanah Lot，Jl.Tanah Lot, Kediri, Tabanan 10000卢比 ★★★★★

24 嘉梯露伊

巴厘岛上自然风光保持最好的地方

Jatiluwih,Tabanan 乘车在嘉梯露伊村下 ★★★★

嘉梯露伊是巴厘岛上自然风光保持最完好的地方，在这里可以看到一望无际的碧绿的树林、金黄的麦田，好像就是一幅精美的油画一样。最值得一提的就是这里的梯田美景，层层叠叠的梯田好像一个个金色的圆圈一样套在大山上，非常漂亮。人们可以纵情在这山山水水之间游玩，和大自然亲密接触，让这最原始的自然风貌来抚慰人们的身心。

25 卢胡巴都考寺

Tabanan王国的皇家寺庙

卢胡巴都考寺位于巴都考山山顶，这里原来是Tabanan王国的皇家寺庙，专门供奉着巴都考山神。这座寺庙隐藏在高山之巅的丛林和薄雾之中，显得颇为幽静，有一种深山藏古寺的风雅感觉。在寺庙里并排着数座高大的宝塔，其中最高的一座有7层，围绕着宝塔生长着各色鲜花，使得整个寺庙好像一个花园一般，十分别致美丽。

Pura Luhur Batukau, Penebel, Tabanan ★★★★★

26 塔曼阿云寺

赏

巴厘岛上第二大的寺庙

塔曼阿云寺也称母神庙，是巴厘岛上第二大的寺庙，曾经是统治这里的孟威王国的王家祭坛。走进神庙，最夺人眼球的当数那一排高大的石头宝塔，这些石质的祭塔每一座代表一位孟威王国的先祖，一共有29座之多。除了充满威严的塔林外，在神庙里还有美丽的护城河和花园，给这里原本十分严肃的氛围增添了不少生机。

TIPS

Pura Taman Ayun, Mengwi, Badung 3000卢比 ★★★★★

27 新加拉惹港口 逛

荷兰人的登陆据点

TIPS

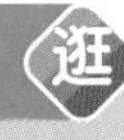

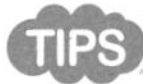

Singaraja Port ★★★★

新加拉惹是巴厘岛北部的重要城市，是当年荷兰人殖民巴厘岛时期的第一个据点。这里的港口就是荷兰人登陆的地方。在这个港口边上还立有一座 Yudha Mandalatama Mounment 纪念碑，这是纪念巴厘岛人为从海外殖民者手中争取自由而在斗争中牺牲的烈士们而建的。如今在港口旁建起了舒适惬意的小饭馆，坐在这里一边进餐，一边享受舒适的海风，也是一种乐趣。

28 罗威那 玩

神奇的黑色沙滩

TIPS

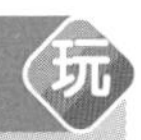

Lovina ★★★★★

罗威那是位于巴厘岛北部的城市，这里拥有与别处完全不一样的黑色沙滩，这些沙滩是因为海边的火山岩受到海水的不断冲刷而粉碎形成的，十分罕见。同时这片被称为“蜜汁之海”的海域也是世界上少数几处能直接看到海豚的地方，只要天气状况合适，生活在这里的200多头海豚就会集体外出觅食，人们就能看到盛大的“海豚军团”巡游典礼，十分壮观。

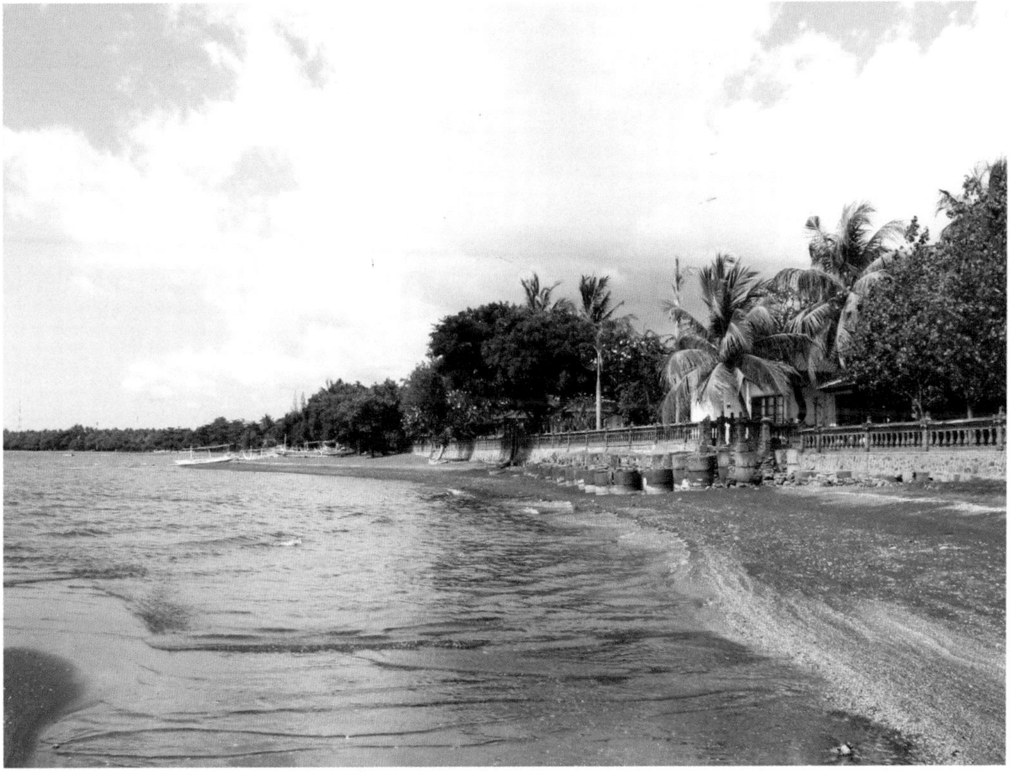

1 概况

印象

文莱全称文莱达鲁萨兰国，位于亚洲东南部，濒临南中国海，首都位于斯里巴加湾。这个国家盛产石油，因此较为富裕，经济以石油和天然气产业为支柱。文莱是东南亚少数由苏丹治理的国家，文莱苏丹自14世纪起就是同一个家族的传承，使得文莱王室成为世界上传承最悠久的王室之一。

地理

文莱位于加里曼丹岛北部、南中国海南岸，和中国的曾母暗沙相邻，其他几面均和马来西亚接壤，并被沙捞越州分割成两个部分，总面积为5762平方公里。文莱国内沿海地区多为平原，内陆则多为山地，还有33个大小岛屿，地理环境多变。

气候

文莱属热带雨林气候，终年炎热多雨，年均气温28℃。

区划

文莱全国共分为文莱-穆阿拉区、马来奕区、淡布隆区、都东区，首都位于文莱-穆阿拉区的斯里巴加湾。

人口和国花、国鸟

文莱总人口约39.3万，国花为康定杜鹃，国鸟为白腹海雕。

2 交通

航空

文莱苏丹国位于马来西亚的沙捞越州和沙巴州之间，不大的国土内仅有一个机场，即位于斯里巴加湾市的文莱国际机场（Brunei International Airport,BWN）。目前中国仅有上海和香港拥有直飞文莱斯里巴加湾市的航班，其他城市需要在新加坡、马来西亚等地转机。从国内往返文莱的机票为3000~4000元人民币。

汽车

在文莱各区主要城市均设有长途客车站点，可以供游客往返于各区之间。由斯里巴加湾市开往都东、诗里亚、马来奕等其他主要城市的汽车站位于斯里巴加湾市的Jalan Cator Car Park。

轮渡

如果是去往腾布荣地区，最便捷的是乘坐快艇前往腾布荣的邦阿（Bangar），每45分钟~1小时有一班船。船票在斯里巴加湾的Jalan Residency内的Jetty有售。

出租车

一般在大多数的文莱酒店、购物中心、码头都能找到出租车的身影。出租车不以里程计费，需要提前和司机谈好价格，且周边地区的司机可能不太会说英语。建议需要乘车之前先打电话联系。

各地区出租车联系方式

斯里巴加湾市（Bandar Seri Begawan）：市内唯一的出租车站位于Jalan Cator car park，出租车不按里程计费，上车前与司机先议价，即便在这个油价比矿泉水便宜的地方，车费也十分高昂。

联系电话：（673）2222214/2226853

马来奕（Kuala Belait）：（673）3334581

诗里亚（Seria）：（673）3222020/3222155

机场出租车：（673）2343671

水上出租车（Water Taxis）

水上出租车是文莱水上村（Kampong Ayer）以及沿河地区最方便的交通方式。游客可以从任意一个文莱河沿岸港口乘坐快艇到达想去的目的地。这种汽艇不仅价格便宜，还能一览独特的城市风光。票价：0.5文莱元起。

3 旅行常识

货币兑换

文莱元与新加坡元汇率相同，1美元兑换1.4099文莱元；1元人民币兑换0.2193文莱元，1文莱元兑换4.5593元人民币。目前文莱流通的钞票有1000、500、100、50、10、5、1元面额的纸币；铸币有20、10、5、1分面额；1元＝100分。

语言

文莱的官方语言为文莱语和英语，大部分文莱人会说英语，掌握基本的英文能力就能在文莱舒畅旅行。

住宿

文莱的酒店大多考究奢华，价格不菲，异域风格十分吸引游客。首都斯里巴加湾市的酒店相对较多，也是大多数游客来文莱时的首选。都东、马来奕等地区也不乏不错的住宿选择。一般来说，斯里巴加湾市的几家著名酒店是游客的主要选择，在腾布荣必须跟团，一般居住在雨林景区，无需为住宿费心。在都东无需逗留一夜，诗里亚则可以作为旅行中的一个据点。若打算前往马来西亚沙捞越州米里游玩，可以在边境城市马来奕市居住一晚。普通酒店价格为60~100文莱元，高档酒店一般要200~400文莱元。

通讯

文莱的移动电话是GSM900兆，文莱的手机和号码是捆绑在一起的，在当地没有手机卡卖，中国的手机如果是中国移动全球通的，在出发前办理了全球漫游的话，则可以在文莱漫游使用。文莱电讯区号：00673。

电压

缅甸同中国一样使用220V的电压。电源插座多为英式三方腿插座，单相。

禁忌

文莱是一个严格的伊斯兰国家，有许多风俗禁忌需要注意。

1、饮酒：文莱法规规定，在任何公众场合严禁饮酒，国内也没有酒类出售。

2、吸烟：文莱的禁烟法规十分严厉，在政府建筑、医院、娱乐、教育中心、餐厅和公共交通工具等公共区域，吸烟都是明令禁止的。违者将被罚款。

3、衣着服饰：在文莱，除王室人员外，普通文莱人忌穿黄色（王室象征）。女士穿着庄重，公共场合不宜穿低胸、露背、透明、衩高、紧身衣服。正式活动一般穿长衣长裙。男士以干净整洁为主，正式场合穿西服或巴迪衫（民族服装）、长袖衫和西裤。

4、宗教禁忌：在指人或指物时，不能用食指，而要把四指并拢轻握成拳，大拇指紧贴在食指上指向。在正式场合下，不能跷二郎腿或两脚交叉。左手被认为是不洁的，在接送物品时要用右手。赠送给马来人的礼物和纪念品应避免人物和动物图案。不要用手指做指示，而应该使用您右手的大拇指，握住其余手指。

5、斋月：伊斯兰斋月期间，穆斯林们在日出至日落之间不进食。在此期间不宜在他们面前进食或喝饮料。

付小费

给小费不是惯例。在酒店与餐馆，因为账单上已附加一项10%的服务费，所以不必给小费。若账单上注明要另付服务费(Service Charge)，可付约10%的小费。旅客对饭店服务员、行李搬运工，可酌情给一点小费。对饭店门卫、计程车司机可不必给小费。

紧急电话

救护车：991

报警：993

火警：995

搜救：998

查号：113

安全事项

文莱是一个犯罪率很低的国家，文莱人也十分友好。但仍然可能存在一些外国游客遭到侵犯的危险，诸如偷窃、入室抢劫。通常有一定警惕感和自我保护能力就能安心旅游。

SOUTHEAST ASIA GUIDE

Southeast Asia

畅游东南亚

⑫

文莱

宗教色彩浓郁的文莱全称为文莱达鲁萨兰国，其首都斯里巴加湾市地处文莱河入海口，市内拥有众多规模宏伟的清真寺，而金碧辉煌的苏丹王宫努鲁尔伊曼王宫更是全世界规模最大的王宫之一。

01 努鲁尔伊曼王宫

世界上最大的王宫

Bandar Seri Begawan ★★★★★

努鲁尔伊曼王宫是世界上最大的王宫建筑之一，如今是文莱苏丹所居住的地方。这座王宫通体洁白，巨大的金顶闪闪发光，气势恢弘。这座王宫在每年的文莱国庆节或是伊斯兰传统的开斋节前后都会开放几天，人们可以排队进入王宫和苏丹握手。这座王宫里面有1700多个房间，每个房间中奢华的装饰也令人惊叹不已，如果有机会参观，一定是毕生难忘的经历。

02 水晶公园

宛如梦幻世界的公园

Jerudong Park 673-26118943 ★★★★★

水晶公园是一座可以用“梦幻”两个字来形容的公园。据说在文莱苏丹48岁生日的时候，王妃送给苏丹一个重达4500多千克的巨大水晶，因此才有了修建这座公园的想法。这座公园在建设上共花费了13亿文莱币，其中很多建筑都是整体用水晶打造，让人叹为观止。在公园里还有不少现代化的游乐设施，游玩项目很多，是东南亚最大的游乐场。

03 哈桑尼·博尔基亚清真寺

苏丹投资修建的清真寺

哈桑尼·博尔基亚清真寺是文莱最大的清真寺之一，是现任文莱苏丹博尔基亚本人出资修建的，于1994年7月文莱苏丹生日时正式启用。这座清真寺规模宏大，端庄华丽，巨大的金顶十分醒目，这座金顶连同周围尖塔的塔顶都是用24K黄金镀成的，在阳光下发出耀眼的光芒。在拱顶内部装饰有绚丽的玻璃，既美观又实用。清真寺内也十分考究，地上铺着光滑平整的大理石，四周还有喷泉装饰，让这里既雍容华贵又庄严肃穆，堪称伊斯兰建筑的精品。

TIPS

Jln Hassan Bolkiah, Bandar Seri Begawan

673-2238741 ★★★★★

04 奥玛尔·阿里·赛福鼎清真寺

亚太地区最壮观的清真寺

TIPS

Kianggeh, Bandar Seri Begawan ★★★★★

奥玛尔·阿里·赛福鼎清真寺被誉为亚太地区最壮观的清真寺之一，这是以文莱苏丹奥玛尔·阿里·赛福鼎的名字命名的。这座清真寺建于静静流淌的文莱河畔，滔滔河水给这座恢弘的建筑带来了一丝灵气。清真寺由大理石尖塔和金色的拱顶组成，拥有装饰着喷泉的庭院和花园，在具有伊斯兰风情的同时又融入了欧洲风情，是一座融合东西方建筑风格的美妙建筑。

GO!菲律宾!

1 概况

印象

菲律宾是位于西太平洋上的一个群岛国家，共计有7107个大小岛屿。而菲律宾也正像一条用大小珍珠串联起来的珠串一样，在太平洋上熠熠生辉。这里主要分吕宋、米沙鄢和棉兰老三大部分，每个岛群都有自己独特的文化。同时菲律宾也是一个历史悠久的国家，我国明朝就与其有很深的交往，郑和下西洋时也曾多次来到这里。因此在这里能看到各种文化的融合，形成了独特的景观，这也正是菲律宾的魅力所在。

地理

菲律宾位于亚洲东南部，北隔巴士海峡与中国台湾省遥遥相对，南隔苏拉威西海、巴拉巴克海峡与印度尼西亚、马来西亚相对。西濒南中国海，东临太平洋。由于整个国家都位于环太平洋地震带上，因此菲律宾常年饱受地震和台风之苦。

气候

菲律宾北部属海洋性热带季风气候，南部属热带雨林气候，因此南北地区年平均温度差别很大，如碧瑶这样的高海拔地区气温就要比马尼拉低上7.5℃~9℃。年降水量2500毫米左右，夏秋两季多雨、多台风。

区划

菲律宾全国共分为17个大区，它们按照地理位置分属吕宋、米沙鄢和棉兰老三个部分。分别有国家首都区、伊罗戈斯、卡加延河谷、中央吕宋、甲拉巴松、民马罗巴、比科尔、西米沙鄢、中米沙鄢、东米沙鄢、西棉兰老、北棉兰老、南棉兰老、中棉兰老、卡拉加、科迪勒拉自治区、棉兰老穆斯林自治区。

人口、国花和国鸟

菲律宾国内总人口约1亿，国花为茉莉，国鸟为食猿雕。

2 交通

飞机

前往菲律宾最好的工具是飞机，菲律宾航空公司和宿务太平洋航空公司都以物美价廉而闻名，在飞往国内各地的航线上，不但班次很多，而且经常推出不少优惠折扣。以马尼拉到拉瓦格(Laoag)为例，如果提前1星期在网上订票的话，机票含税的价格只有1000比索左右，合人民币不到200元。马尼拉机场距离市区仅10公里，乘坐出租车的价格通常是200到250比索。马尼拉到各主要城市以及各主要城市间都有飞机往返。

轮船

菲律宾的群岛之间有四通八达的渡船航线网络，一般都快速、频繁而且价廉。使用的船只大小不等，有极小的狭窄独木舟（在当地被称为Bangca，或者机动船），也有豪华的载客双体船和多层甲板的巨轮，像WG和Super ferry。

公交

菲律宾的公共汽车有各种各样的，公共汽车站分布在镇上和乡下各个地方，公共汽车前面写着要停靠的站。

吉普尼车

菲律宾当地常见的吉普尼车（私人改装并加长的吉普车）都会在车头标明路线，招手即停。吉普尼车在多数城市都是主要的交通工具，往返于区域中心之间。

出租车

出租车大多数都会打表，一天的车程（8小时）在2000比索左右，或者250比索一小时。

3 旅行常识

货币兑换

菲律宾的货币为比索（Peso）,1个比索相当于100分（Centavos）。纸币的面值有20、50、100、200、500和1000比索，最常见的硬币有1、5和10比索。人民币在菲律宾并不流通，国内的中国银行和工商银行可以兑换菲律宾比索，但是数量通常是有限的，一般可以在出国前将人民币兑换为美元，到当地再兑换为菲律宾比索。游客可以在机场用美元兑换比索，也可以在银行、酒店以及外币兑换处兑换。

时差

和北京同属东8区，没有时差。

语言

菲律宾的官方语言是菲律宾语，但英语也被广泛使用。

住宿

在菲律宾的主要城市及主要旅游岛屿，从高档酒店及度假村到民宿应有尽有。高级旅馆大多分布在厄米塔区及玛卡蒂市沿海地区。五星级饭店每晚住宿费用为70~120美元，3~12月淡季期间有些可以打到50%的折扣。海滨度假旅馆多属于四星级，也经常有折扣。三星级价位为20~30美元。自助旅行者投宿的中价位旅馆或家庭旅馆多位于厄米塔附近的闹区，厕所、浴室共用，而浴室通常不供应热水；双人房如果没有冷气的话，价位约200比索，相当便宜。普通的廉价旅馆在巴拉望，住宿费大约为200比索。比较高档的度假酒店要2000多比索。首府普林塞萨港聚集了巴拉望最主要的旅馆酒店，一些岛屿上也都会提供小型度假村。

通讯

中国移动的SIM卡能在菲律宾使用，但是必须开通国际漫游。具体价格可以参见中国移动网站：http://10086.cn/images/internationalromaning.htm。拨打中国电话价格为：16.99元/分钟；拨打菲律宾国内电话价格为：4.99元/分钟。游客可以自带一个GSM手机，然后再到菲律宾购买一张当地的预付费SIM卡（100比索），价格比较便宜，菲律宾的商店内都能买到。 拨打中国电话：（拨打中国固定电话）0086+国内区号（0省去）+固定电话号码，（拨打中国手机）0086+手机号码，国际长途短信每条15比索，国际长途电话每分钟是$0.40。拨打菲律宾电话：（拨打菲律宾固话）地方区号+菲律宾电话，（拨打菲律宾手机）直接拨打。短信每条只需要1比索，打电话给其他移动电话或者是固定电话的费用是每分钟7.5比索。

电压

菲律宾电压大多为220V，扁嘴双插头，菲律宾电压及插头设备基本上和国内一样。

最佳旅游时节

菲律宾四季旅游皆宜，可根据自己的喜好安排出行。菲律宾属热带海洋性季风气候，高温多雨，大部分地区有明显的季节区别，分为凉季、旱季及雨季三个季节。凉季（12月~次年2月）：该季节凉爽少雨，给出行带来很多便利，是旅游的旺季。旱季（3月~5月）：这个季节是菲律宾当地人过暑假的日子，很多度假点都游客稀少，适合安静地度假。雨季（6月~9月）：雨季游客稀少，住宿可以讨价还价，雨季也没有那么可怕，下雨有一定的规律。

禁忌

1、菲律宾人认为左手不洁，握手及拿东西用右手。

2、忌进门时脚踏门槛，当地人认为门槛下住着神灵，不可冒犯。

3、老年人在菲律宾特别受到尊重，见面时要先向年长者问候、让座，一般情况下不能在老人面前抽烟。

SOUTHEAST ASIA GUIDE

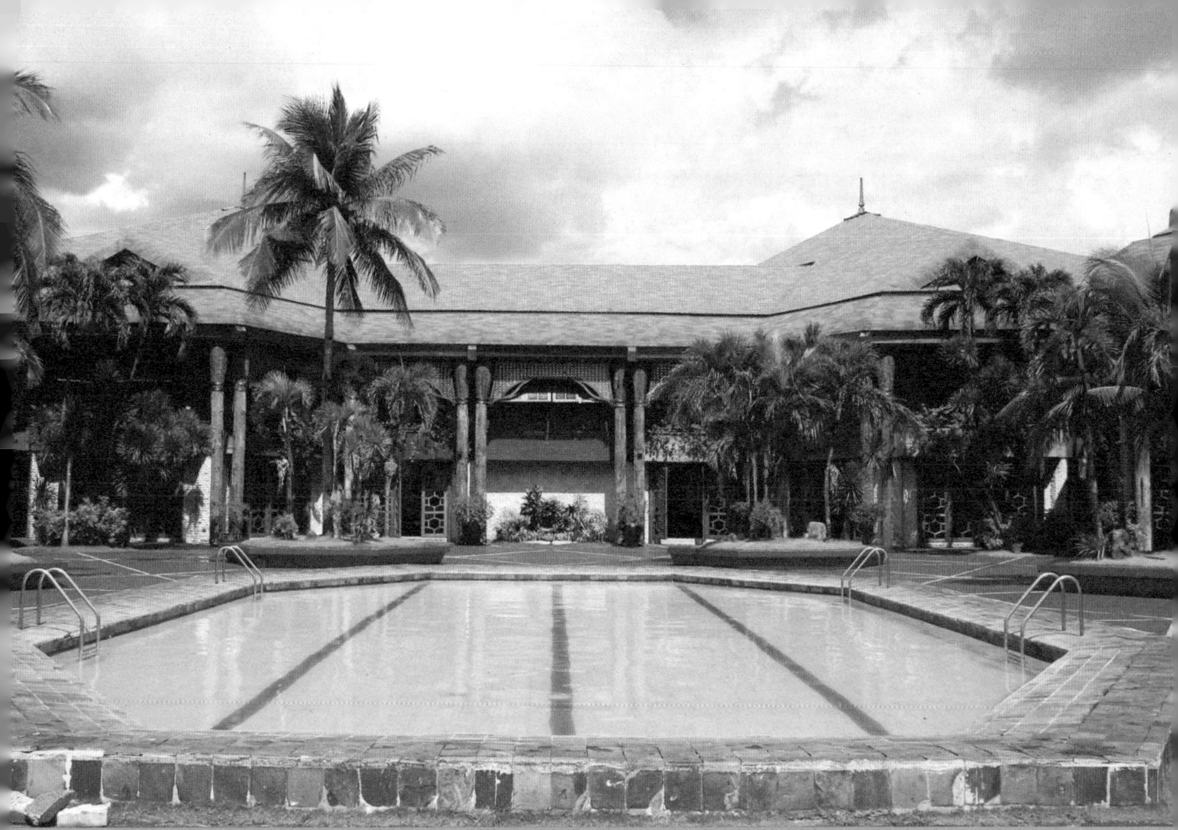

Southeast Asia

畅游东南亚

13

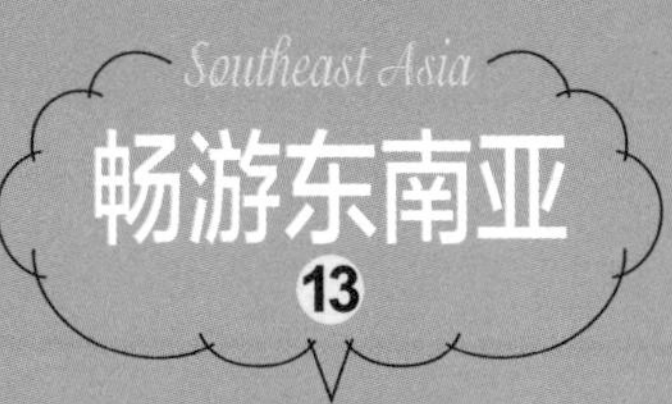

菲律宾·马尼拉

被誉为“亚洲纽约”的马尼拉濒临马尼拉湾，是一座新旧交错、东西方文化交融的城市，置身于这座亚洲最欧化的城市内，随时都可以看到像马拉卡南宫、马尼拉大教堂、圣地亚哥城堡等具有欧洲风格的古老建筑。

01 马尼拉市中市

西班牙人统治菲律宾的遗迹

菲律宾曾经被西班牙殖民者统治了数百年，留下了深刻的印记。马尼拉市中市就是其中知名的一处，这里位于马尼拉市中心，曾经是西班牙人的城堡所在地，也是马尼拉最初的样子，曾经被誉为“保存最好的中世纪城市”。由于战争等因素，规模远不如前，但是依然保留了不少西班牙传统建筑。走在这里就好像身处伊比利亚半岛一般，一股浓郁的欧洲风情扑面而来。

TIPS

帕西格河畔 乘轻轨LRT在United Nations站下 ★★★★

02 圣奥古斯丁教堂

屹立400多年的教堂

圣奥古斯丁教堂建于1571年，最初是用竹子、泥土等修建的，很快便倒塌，在1599年时改建成为石造建筑，是菲律宾第一座石造教堂。400多年来这里历经5次地震、1次世界大战，依然屹立不倒，被认为是一个奇迹。如今教堂里收藏着珍贵的宗教绘画和漂亮的玻璃镶嵌画，使得这座教堂愈加显得高贵。教堂旁还有一座博物馆，收藏了很多珍贵的文物。

San Agustin Church Intramuros, Manila 乘轻轨LRT-1在Central Terminal Station下 02-5274060 80比索 ★★★★★

03 圣地亚哥城堡 

西班牙人统治马尼拉的中心

圣地亚哥城堡是西班牙人统治马尼拉的中心，曾经作为关押政治犯的监狱使用，至今在这里依然还能看到当时留下来的炮台等设施。如今城堡中的很多建筑都被改造成了旅馆、饭店、博物馆等，向游人介绍马尼拉这座古老城市的历史，并让人们切身感受到当年西班牙贵族那奢华的生活。此外，这里还有关押菲律宾国父黎刹的囚室，如今被改造成了黎刹纪念馆，介绍这位带领菲律宾人走向自由的人的生平。

TIPS

Santa Clara Street (Intramuros) Manila, 1002 乘轻轨在United Nations站下 40比索 ★★★★★

04 马尼拉大教堂 赏

马尼拉主教区的主要建筑

马尼拉大教堂是菲律宾最大的教区——马尼拉教区的主要建筑，建于1581年，后来因台风、战争等因素6次重建，现在留存的是20世纪50年代所修建的建筑。如今这座饱经风霜的老建筑依旧顽强地矗立在原处，教堂里主要的石质浮雕与玫瑰窗都没有多大变化，彩色的玻璃窗在天井自然光的映照下显得分外漂亮。如今还有不少年轻人热衷于在这里举办婚礼，让马尼拉大教堂见证他们一生中最幸福的时刻。

TIPS

Cabildocor.Beaterio,Intramuros,Manila,Philippines1002 02-5273093 ★★★★★

05 罗哈斯大道

马尼拉最漂亮的街道

TIPS

Roxas Blvd ★★★★

罗哈斯大道是马尼拉最漂亮的一条街道，是以菲律宾第一任总统罗哈斯的名字命名的。这条全长28公里的南北向街道连通了马尼拉的海滨和市中心，将马尼拉所有最经典的景色都连接了起来。走在大道上，两边椰树茂盛、鲜花缤纷，还有不少夜总会、酒店等，融合了东西方文明的所有元素，无怪乎外国游客从机场一出来就迫不及待地要饱览这条大道上的风景。

06 黎刹公园

纪念菲律宾的国父

黎刹公园位于罗哈斯大道沿线，正对着马尼拉湾，是马尼拉最著名的公园之一。公园正中央高高矗立着带领菲律宾人走向自由的荷西·黎刹的塑像。东边则是一个颇大的人工池，里面放置着菲律宾最早的微缩群岛模型，将这个国家的107个岛屿完全展示给人们。在公园的北侧竖立着黎刹的纪念碑，并且用3D模型再现了他行刑前的场面，特写了这位民族英雄人生最后的一刻。

TIPS

乘轻轨LRT-1在United Nations Avenue Station站下 02-3027381 ★★★★

07 中国城

菲律宾最著名的华人聚居区

Chinatown Mania 乘轻轨LRT-1在Central Terminal Station下 ★★★★

菲律宾华人众多，因此也留下了很多华人聚居的痕迹，马尼拉中国城就是菲律宾最著名的华人聚居区。早在西班牙殖民者统治时期，这里就是华人聚居的地方。中国城从“中菲友谊门”开始，到“亲善门”为止，占地面积达9平方公里，居住了60多万华人。这里的建筑大多为传统的中式建筑，星罗棋布地分散在数百条大街小巷中，让游人有一种身处中国国内的感觉。

08 椰子宫

赏

使用椰子建成的宫殿

Eduardo A. Makabenta, Pasay 02-8321898 100比索 ★★★★★

椰子宫位于马尼拉的新城区，这里是人们填海造城形成的区域。这座建筑正如其名，使用了2000多棵树龄在70年以上的椰子树建成。椰子宫的房顶是用椰子板做的，柱子是用椰树干做的，墙壁则是用椰子毛壳的纤维混合水泥制成的椰砖砌成的。宫殿里还有一座神奇的椰子钟，这座落地大钟从钟身、钟面到指针全都用椰子树及椰子壳制成，在走时准确的同时还能清晰报时，非常神奇。

09 阿亚拉博物馆 赏

展示菲律宾的历史

阿亚拉博物馆建于20世纪50年代，是已故著名建筑师费尔南多·阿亚拉的作品。这座博物馆以展示菲律宾的历史为主，通过60多个手工制作的立体布景来再现菲律宾历史上的重要时刻，还有一些舰船模型，体现了菲律宾悠久的航海历史。除此之外，这里还有不少考古学和艺术方面的收藏品，也为这座博物馆增色不少。

Makati City 1200　02-7577117　55比索

★★★★★

10 圣托马斯大学 逛

菲律宾历史最悠久的大学

Espana Boulevard, Manila　02-4061611　★★★★

圣托马斯大学是菲律宾历史最悠久的大学，1611年创办的它竟然比美国的哈佛大学历史还要久远，因此也就顺理成章地成为亚洲最古老的大学。大学本部位于马尼拉的西班牙街，这里的建筑大多是充满欧洲古典风情的西班牙式建筑，尤其是古老的钟楼，这座钟楼上面有精美的塑像，是这里最漂亮的建筑。同时在建筑四周还有不少花花草草，显得生机勃勃。

11 菲律宾文化村 逛

美丽的千岛缩影

菲律宾文化村有一个动人的名字“千岛缩影”，它位于马尼拉国际机场附近，占地35万平方米。文化村将菲律宾全国数十个省的风土人情和少数民族的传统风俗汇集在一处，让大家不需要走很远就能体验到最古老的菲律宾风情。同时文化村里还有博物馆、艺术剧场、图书馆等设施，将菲律宾文化全方位地展示给每一位游人。

Pasay 25比索 ★★★★★

12 百胜滩瀑布 赏

声势浩大的瀑布

Kilometer 94, Pagsanjan BLTB车站乘公交车在百胜滩下 49-8081793 ★★★★★

百胜滩是马尼拉东南方的一处由大瀑布冲击形成的巨大山坑，这处瀑布就是著名的百胜滩瀑布，因为风景秀丽，经常出现在各种宣传画册上。它的落差有100多米，巨大的水流以雷霆万钧之势奔流而下，拍打在山壁上发出巨大的响声。一些喜爱冒险的年轻人会乘坐木筏穿过瀑布，感受奔流直下的瀑布那千军万马一般的冲击力，留下一生都难以忘记的美好回忆。

SOUTHEAST ASIA GUIDE

Southeast Asia

畅游东南亚

14

菲律宾·其他

01 长滩岛

东南亚最具吸引力的度假旅游胜地

TIPS

Boracay 马尼拉、宿务和安杰利斯市乘飞机在长滩岛下 02-5284507-09（游客中心）
★★★★★

长滩岛位于菲律宾中部的阿尔坎省，这是一座狭长的岛屿，是东南亚最具吸引力的度假旅游胜地。热带岛屿应有的椰林、沙滩、碧海……这里一个也不缺。200多家度假酒店开门迎客，游人根本不用担心在这里会玩不好。同时，这里还向人们提供各种时鲜水果和生猛海鲜，不仅味道一绝，价格也非常便宜，能让每个人在大饱眼福的同时满足口腹之欲。

看点01 白沙滩

细腻雪白的沙滩

白沙滩是长滩岛最著名的地方，这条细长的沙滩蜿蜒数公里，沙子细白柔滑，在阳光下散发出诱人的光彩。踩在上面会发出咯吱咯吱的响声，好像在对脚底进行按摩一样，十分舒服。因此，这里被很多人认为是世界上最美的沙滩。

看点 02 普卡海滩

寻找漂亮的贝壳

普卡海滩位于长滩岛北部，是这里的第二大沙滩。不过这里最著名的并不是诱人的海滩风光，而是散落在沙滩上的那一枚枚漂亮的贝壳。这些贝壳形状精致可爱，颜色各异，是人们最喜爱的装饰物。20世纪七八十年代，收集贝壳是长滩岛上的主要产业，如今在沙滩上还能看到当时堆放贝壳的痕迹。

02 碧瑶麦逊宫

菲律宾总统的夏宫

碧瑶麦逊宫是菲律宾历代总统避暑消夏的地方，也被称作“夏宫”。这座宫殿很富英国色彩，它的大门是仿造英国王宫白金汉宫所建的，上面的装饰也和白金汉宫如出一辙。而麦逊宫的外观呈白色，宫殿的规模也不大，只有两层楼，看上去有点朴素，但是内部的装潢极尽奢华，让人惊叹。每年夏天，菲律宾政府官员都会来到这里办公，以避暑热。

TIPS

Fr. Carlu Street, Baguio City 2600 乘公交车在Dagupan Bus Station下 ★★★★

03 碧瑶大教堂

碧瑶最著名的建筑

TIPS

Fr. Carlu Street, Baguio City 2600 乘公交车在Dagupan Bus Station下 ★★★★★

碧瑶大教堂位于碧瑶市中心，是这座城市最著名的地标建筑。这座教堂建于1935年，外观呈粉红色，特别是两侧尖塔的屋顶就好像玫瑰花一样色彩鲜艳，引人注目。走进教堂就能看到这里高大的落地玻璃窗，窗户上用彩色玻璃镶嵌出漂亮的图案，阳光照进来时也变成了七彩的颜色。如今，经常有新人在这里举行婚礼，热闹非凡。

04 班汉公园

玩

看种类繁多的兰花

TIPS

Jose Abad Santos Drive, Baguio City 2600 ★★★★

班汉公园位于碧瑶市中心，是以它的设计者的名字命名的。这是一座很有美国特色的公园，公园中间开辟了一个人工湖，经常可以看到不少人泛舟湖上，享受悠闲的假期。同时，公园的角落里还有一座不小的兰花园，里面种植着数十种兰花，其中还有十分名贵的品种。满园的芬芳，沁人心脾，是这座公园最吸引人之处。

05 碧瑶植物园

赏

看各种争奇斗艳的鲜花

碧瑶植物园是一座种植了很多野生珍稀植物的大型植物园，这里山花烂漫，随处都能见到参天的大树和摇曳的花朵，各种色彩的鲜花争奇斗艳，让人眼花缭乱。但是这里的美景并不只有花草，还有碧瑶当地少数民族伊戈罗特族聚居的村庄，在鲜花掩映之中还能看到传统的伊戈罗特雕塑。植物园中到处都是身着传统民族服装的伊戈罗特人走来走去，展示他们的独特文化。

TIPS

Leonard Wood Road, Baguio City ★★★★

06 圣佩德罗古堡

赏

菲律宾最古老的城堡之一

宿务的圣佩德罗古堡位于宿务港旁，和马尼拉的圣地亚哥城堡并称为菲律宾两大最古老的城堡。这座城堡是西班牙殖民者最初到达菲律宾时修建的，在很长时间里都是统治宿务的中心，在“二战”时是当地军队抵抗日本侵略的重要据点，战后则作为美军的营房使用。如今漫步在古堡里，看着古老的炮台和城墙，一种历史沧桑感油然而生，仿佛回到了过去那个风起云涌的时代。

TIPS

A. Pigafetta St, Cebu 6000 50比索

★★★★★

07 麦哲伦十字架 赏

麦哲伦留下的痕迹

麦哲伦十字架位于宿务东方的麦克坦岛上，这是西班牙著名航海家麦哲伦在环球航行时，初次来到菲律宾时所立的。当时他的随船神父在这里为菲律宾第一批共计400多名天主教教徒举行了受洗仪式。此后的菲律宾人一直笃信这个十字架拥有神奇的力量，对它无比崇拜。如今这个十字架被妥善地存放在一座亭式建筑内，每到周日，总有善男信女前来虔诚地祈祷，以求得平安好运。

Santo Niño, City Hall Lane, Cebu City ★★★★

08 圣婴教堂 赏

菲律宾最古老的教堂之一

Osmeña Boulevard, Cebu City 32-2556699
★★★★★

圣婴教堂是菲律宾最古老的教堂之一，建于1565年，现存建筑为18世纪重建的。据说当时宿务的原住民酋长作为第一批天主教教徒受洗之后，麦哲伦就赠送给他一个黑色的圣婴雕像作为礼物。如今这座高40厘米的圣婴像依然完好地存放在教堂中，是菲律宾最重要的圣物。每到周末都能看到大批的教众来到教堂里对着这座圣像祈祷，以示内心热烈的崇拜。

09 麦哲伦纪念碑

赏

对麦哲伦的不同评价

麦哲伦纪念碑是宿务最著名的景点之一，这座纪念碑就位于麦哲伦战死的地方——麦克坦岛上。这是一座石头底座的铜质纪念碑，在纪念碑的正反面刻着两段立场截然相反的话语，正面是“1521年4月27日，伟大的英雄拉普·拉普在这里打败了欧洲侵略者麦哲伦”，而背面则是“1521年4月27日，伟大的航海家麦哲伦在此不幸遇难”。不同的题词正反映了麦哲伦矛盾的身份，或许这才是历史最正确的评价吧。

TIPS

Punta Engaño Road, 6015 32-2310288 ★★★★★

10 卡邦市集

逛

宿务最大的市集

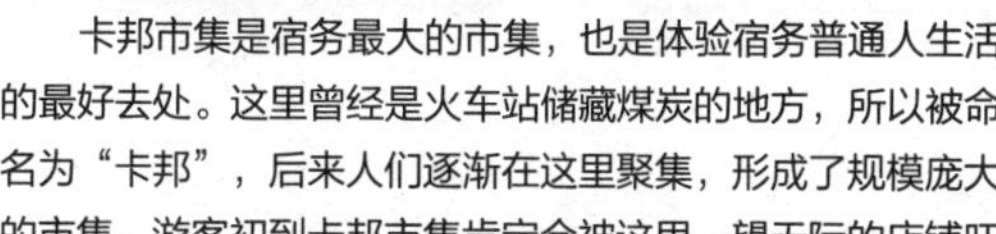

TIPS

Carbon Market Cebu City 6000 乘公交车在Cebu Provincial South Bus Terminal站下 ★★★★

卡邦市集是宿务最大的市集，也是体验宿务普通人生活的最好去处。这里曾经是火车站储藏煤炭的地方，所以被命名为“卡邦”，后来人们逐渐在这里聚集，形成了规模庞大的市集。游客初到卡邦市集肯定会被这里一望无际的店铺吓一跳，各家店铺出售的货品可以说是琳琅满目，有各种新鲜的海鲜、水果，也有花花绿绿的菲律宾传统服装。人们大可买上一些鲜榨的椰子汁，悠闲地在市集逛上一整天。

11 中国道观 赏

华侨们的信仰中心

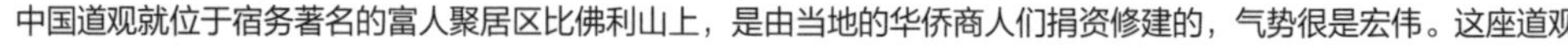

中国道观就位于宿务著名的富人聚居区比佛利山上，是由当地的华侨商人们捐资修建的，气势很是宏伟。这座道观的正式名称应该叫做“定光宝殿”，是当地最大的中国寺庙，以供奉老子为主。人们需要先登上81级石阶，这代表了老子著作的81章《道德经》，然后就可以来到这里的主殿，主殿正面供奉着老子的牌位，四周是富含中国味儿的龙凤雕饰，还有一座姜太公钓鱼的塑像。

TIPS

Cebu City Hall, D. Jakosalem St. 乘吉普车在Beverly Hills区下 ★★★★

12 马荣火山

吕宋岛上最著名的活火山

马荣火山是菲律宾吕宋岛上最著名的活火山，这座火山的造型十分漂亮，被誉为“世界上最完美的圆锥形”，也经常被人们拿来和日本的富士山相提并论。马荣火山安静的时候，就好像美丽的女孩一样羞涩，青山、白云、蓝天的搭配堪称完美。而当它喷发的时候，它又会变得无比狂暴，赤红的岩浆翻滚喷涌，让人不敢接近。这也正是这座大山的魅力所在。

TIPS

Cagsawa Ruins Albay, 4501 5比索 ★★★★★

13 巴拉望凯央根湖

菲律宾最干净的湖泊

Cayangan Lake, Coron, Palawan, MIMAROPA 马尼拉、普林塞萨港乘飞机在科伦岛下 ★★★★★

巴拉望凯央根湖位于巴拉望北部的科伦岛上，人们需要先攀爬一段山路，然后才能抵达这处高山上的咸水湖泊。它被认为是菲律宾最干净的湖泊，水质极佳，几乎用肉眼就能看到水下很深的地方。而且周围人迹罕至，自然风貌保持完好。蓝天、碧水、礁石、珊瑚相映成趣，构成了这里绚烂夺目的美妙风景。

14 迪玛凯岛

风景优美的生态小乐园

迪玛凯岛位于巴拉望北部，这处小岛占地19万平方米，规模并不是很大，但是自然风光却十分优美。岛上有3处优质的海滩，这里沙白如雪，碧海蓝天，简直是人间难得一见的绝景。还有不少野生动物悠闲自在地生活着，运气好的话还能和它们来个亲密接触。这座岛就好像一个生态小乐园一样，吸引着每一位游客。

TIPS

Dimakya Island, Palawan, MIMAROPA 马尼拉、普林塞萨港乘飞机在科伦岛下 ★★★★

GO!越南!

1 概况

印象

越南是中南半岛上最重要的国家之一，历史悠久，很早以前便和我国有割舍不断的联系。这个国家也多灾多难，近现代时经历过被欧洲殖民、国家分裂、外敌入侵等不少苦难。如今它发展迅速，是东盟中发展最快的国家之一。这片国土上既有千年历史的古老皇城，也有颇具欧陆风情的西方建筑，更有反映越南人民英勇抗争历史的革命遗迹，旅游资源极为丰富，让人流连忘返。

地理

越南位于中南半岛东部，和我国广西壮族自治区隔北部湾相望，西部和柬埔寨、老挝接壤，北部与我国云南省、广西壮族自治区等相连。总面积约33万平方公里，其中大部分为山地和丘陵，北部地区的红河三角洲和东部的湄公河三角洲是最主要的粮食产地及经济中心。

气候

越南为热带季风气候，一年四季温度较高，最高温度可达37℃。旱雨季分明，年平均降水量为1200~3000毫米。

区划

越南全国分为安江、北江、北件、薄辽、北宁、巴地头顿、槟椥、平定、平阳、平福、平顺、金瓯、高平、得乐、得农、奠边、同奈、同塔、嘉莱、河江、海阳、河南、河静、和平、后江、兴安、庆和、坚江、昆嵩、莱州、林同、谅山、老街、隆安、南定、乂安、宁平、宁顺、富寿、富安、广平、广南、广义、广宁、广治、朔庄、山罗、西宁、太平、太原、清化、承天顺化、前江、茶荣、宣光、永隆、永富、安沛等58个省和芹苴、岘港、海防、河内、胡志明等5个直辖市。

人口、国花和国鸟

越南总人口约9159万人，国花为莲花，国鸟为橙胸叶鹎。

2 交通

航空

越南全国共有大小机场90个，其中15个为民用机场。越南河内、岘港和胡志明市这三座大城市都建有大型国际机场，目前已经开通了和全世界20多个国家之间的对开航班，中国游客可以从北京、上海、广州、昆明等城市每天乘航班直接飞往河内和胡志明市，非常便利。

越南国内航空业比较发达，从首都河内和胡志明市都可以乘飞机前往各个旅游城市，但越南航空公司在售票时会针对外国游客贩卖比本地人贵一倍的高价票，而且河内与胡志明市机场还要收取机场税，对背包客来说乘航班游越南的性价比相当低，并不推荐乘坐。

铁路

越南铁路网络包括6条干线和一些支线，总长3220公里，干线全长2700公里。由于越南和我国接壤，铁路设施也与我国铁路连通，中国游客如果选择乘火车前往越南，可乘坐每周四和周日由北京西站发往越南河内的列车，列车次日到达广西省会南宁，第三日到达河内，北京到南宁段列车为T5/6次，南宁到凭祥段为T905/906次，越南段为M1/2，在凭祥口岸过境（凌晨3点左右）需要到对面同登口岸换车。列车每周二、五自河内返回北京，全程软卧，票价约1000元人民币。

越南境内铁路贯穿南北，连接河内和胡志明市，途经顺化、岘港、芽庄等观光城市。但越南国内城市间的铁路列车运行速度缓慢，从河内到胡志明市的特快列车也需要行驶30小时，车厢内不仅没有空调，卫生条件和舒适度也不佳，并且要求外国游客购买高价车票，并不推荐游客乘坐。

公路

中国广西、云南与越南北部6省相连，中越两国边境开设大小口岸15个，有河内—河口、河江—麻栗坡、莱州—金平、莱州—江城、河内—凭祥、高平—龙州、下龙湾—防城等数条通往中国云南、广西的公路。其中最普遍的出关线路有三条。1、云南河口：可以从昆明乘坐大巴车到云南红河州河口县，经过海关检查，过了口岸就是越南的老街省（Lao Cai），老街口岸有开往河内的长途班车，车程为16小时，不过需提前1天购票；2、广西凭祥：南宁有直达河内的国际长途汽车，在广西凭祥友谊关换车，经过海关检查，过了口岸就是越南的谅山省(Lang Son)，接着乘汽车经同登、谅山至河内，全称大约7小时，旅行社或旅店可代买车票；3、广西东兴：可以从南宁坐大巴车到达东兴，这条线路很快，过了境就到了越南的芒街（Mong Cai），乘汽车经越南芒街、下龙湾就可到河内。

长途汽车

The Sinh Tourist（原新咖啡）是越南最大也最受外国游客青睐的旅行服务公司，旗下的Open Bus更是各国游客在越南境内的首选交通工具。其车次很多，非常方便，长途公共汽车从河内出发，中间经过顺化、会安、岘港、芽庄、大叻等站，终点站在胡志明市，全程票价大约35美元。游客乘坐Open Tour中途可以在任何一个城市下车参观游玩，然后在当地的办事处出示自己的车票，确定自己计划离开的时间和所住的旅馆，到时就会有车到旅馆门前接上乘客去下一站。相比起火车而言，Open Bus更为方便，价格更低，随时可以买票。

河内出租车

河内的出租车众多，不同颜色的出租车属于不同的公司管制，各公司的起步价、起步里程、公里价都不同，但总价相差不大，一般起步价一到两公里内为10000~15000越南盾，之后每公里的平均价格是7000~10000越南盾。需要特别注意的是，在当地乘坐出租车很容易被宰，常见的宰客方法有：利用游客对越南盾面额的不熟悉多收钱，多绕路，在计价表上做手脚使其跳得特别快，讲价时开高价，或者上车时讲好价但下车时就涨价，也可能讲好越南盾的价格结账时却被要求付美元。选择比较正规的车挨宰机率会小一些，建议游客尽量选择白色、蓝色或者车身印有大酒店LOGO的出租车。在上车前先打听清楚具体收费标准，可选择议价或者按计程表计价，最好拿着地图指出目的地，以免沟通不畅引起麻烦。

河内公交车

河内公交系统发达，路网密布。因其市区不大，干道较宽，其余多较窄，故公交车多为单行线。公交车品牌多为现代、大宇，偶见奔驰，都是空调车。游客若要搭乘，只需要在公交车站候车厅向经过的公交车招手就可以上车。公交车上均有GPS报站，人工售票，票价3000越南盾（约合人民币1元）。车票分上下行分别为白色和粉色，上面有路号。想了解详细的车次以及时间，游客可以在当地书店买一本《河内公共汽车地图》，价格大约是5000越南盾。

摩托车

越南的摩托车数量十分庞大，游客如果想要骑摩托车游览越南，感受当地特色风情的话，也可以选择租一辆摩托车或者在当地购买一辆摩托车上路，不过购买摩托车的手续较为复杂，一般不做推荐。宾馆、酒店都有提供出租摩托车的服务，租车时不需要交押金，还车时才需付款。在这个名副其实的“摩托车王国”，首都河内的摩托车数量更是惊人。主街道上就有众多的摩托车司机揽活，通常路程的价格为20000~25000越南盾，实际价钱要视乎距离远近以及游客的砍价能力。

自行车

如果对河内的公共交通不放心，游客们大可去租一辆自行车来个自驾游。在河内有自行车租车行，一般为10000越南盾一天。骑着自行车在地图的指引下，能更快地抵达每个景点，享受在城里自由行动的感觉，不过租车之余可别忘了遵守交规，并且在规定地方存车，万一自行车遗失会比较麻烦。

人力三轮车

人力三轮车也是河内街头常见的交通工具，虽然价钱并不比出租车便宜，而且速度也不快，但是却能够很好地体验到当地的民风民俗，观光意义大于交通意义。不过乘坐时一定要弄清楚价格，大部分的人力三轮车车费为10000越南盾，但是这里的三轮车夫经常漫天要价，因此一定要砍价。注意，如果两人合乘的话，记得事先确认是一辆车的价格还是一个人的价格。

游船

越南水系发达，很多地方都有游船，游客也可以选择乘船游览越南。可以从胡志明市坐水翼艇到头顿海滩度假胜地或者湄公河三角洲的其他地区，也可以从迪石坐渡轮到富国岛，还可以在下龙湾坐船游玩。在顺化观光的一大特色就是乘船游览，顺化游轮一日游的景点包括京城、天姥寺、四大王陵，从早上8点出发，到下午2点结束，每个景点停留期间游人可以自由活动。此外，顺化还有一种每晚7点出发、夜游香河的游船项目，不仅可以欣赏沿岸风景，还可欣赏游船上的传统歌舞表演。

3 旅行常识

货币兑换

越南的法定货币为盾。汇率约为1美元=22000越南盾，人民币1元＝3500越南盾，越南盾换算人民币的简单方法为去掉三个零再除以3。越南境内主要使用越南盾，分为500000、200000、100000、50000、20000、10000、5000、2000、1000、500、200和100不同面额的钞票，游人在越南一般消费500000越南盾的大额钞票，小商家很难找出零钱，而500越南盾以下面额的小额钞票在越南很少使用。一般越南商家的标价都是以千作为计数单位，如一件商品标价5000越南盾，账单上就只写5，标价10000越南盾的商品账单上只标出10，建议游客多准备一些10000~200000面额的钞票方便日常使用。

虽然人民币并非越南流通货币，但随着两国边境贸易和旅游的发展，在越南边境城市和热门旅游度假地的商家都可以用人民币进行消费。虽然越南的边境城市、旅游城市和大城市都有很多兑换人民币的黑市存在，但游客最好选择在越南的银行兑换越南盾，或在大城市的珠宝店、旅馆、饭店、咖啡厅等地兑换越南盾。汇率有差异，建议多问几家，在星级酒店和金铺里兑换的汇率，比在银行兑换的汇率高。

中国游客也可以选择直接使用国内发行的中国银联卡进行刷卡消费和支取现金，中国银联会直接将当地货币转换成人民币，并不收取货币转换费，非常方便。虽然国内银行发行的双币信用卡在越南也可以刷卡消费，不过因为信用卡提取现金需要付息或手续费较高，建议游客在ATM机上取款的时候尽量采用银联的借记卡。河内、胡志明等大城市的ATM机很多，贴有银联标志的便可以直接取现，会收取相应的手续费（一般10元/笔）。

小心财物

越南总体政局稳定，治安状况良好，但也存在一些偷盗现象。河内和胡志明市尤其突出，摩托车飞贼猖獗，出门不要带贵重物品，抱紧你的包。另外，芽庄也时有抢劫案发生。换钱、取钱之后当街拿着一大把钱在路上很可能被抢，建议大小面额现金分开放，随时取用的兜里放小面额和少量大面额现金。

最佳旅游时节

越南的气候特点是高温多雨，干、雨季明显。11月一次年4月为干季，5月一10月为雨季。雨季潮湿闷热，中午暴晒，傍晚下雨，白天适合游玩的时间非常有限，不建议雨季前往。

越南的干季还可以分为热季和凉季，大致11月至次年2月为凉季，3月至4月为热季。凉季时城市里阳光明媚，晴空万里，山野间山清水秀，百花吐艳，是越南最美丽的季节，也是去越南旅游的最合适时节。

越南礼节与禁忌

1.越南人很讲究礼节，见了面要打招呼问好，或点头致意。见面时，通行握手礼，苗、瑶族行抱拳作揖礼，高棉族多行合十礼。

2. 不要随意摸别人的头部，包括小孩；京族人不喜欢别人用手拍背或用手指着人呼喊，外人到他们家时，不能用脚指物，席地而坐时不能用脚对着人，不能从坐卧的人身上跨过去，不能睡在妇女的房门口和经常来往人的过道上，不准进入主人的内房。

3. 当村寨路口悬挂有绿色树枝时，是禁入的标志，外人不得进入；在少数民族家中，绝对不能到姑娘住的房间里；有些少数民族住竹木高脚屋，习惯在楼上席地坐卧，进屋要脱鞋，否则被认为是看不起主人；南部高棉人忌用左手行礼、进食、送物和接物。

4.年轻人要对老年人特别敬重。在北方京族家里，由最老一辈的男人做主，南方的京族由最老一辈的女人当家，凡事一般都得征求他们的意见；在少数民族地区，如傣族、佬族家中有一条凳子专供老人坐，青年人和外人不准坐。

5.越南人忌讳三人合影，不能用一根火柴或打火机连续给三个人点烟，这被认为不吉利。

6.寺庙是公认的神圣地方，游客在观光过程中需要注意宗教禁忌，不要在寺院内做出不礼貌的行为，不可穿短裤、迷你裙、无袖上衣或其他不适宜的衣服，不可袒胸露背；此外，参观越南首都河内的胡志明纪念堂时需要注意衣装整齐、端庄，参观过程中保持肃穆，不要大声喧哗或做出对越南革命领袖不敬的行为。在街上行走时，要注意避开当街排列的祭祀用品，千万不可踩踏。

7.在越南赌博属于严重的违法行为，游客在越南旅游期间不能参加赌博，在越南芒街的地下赌场经常发生抢劫现象，游客要注意千万不要接近。

通信

近年来越南政府对中国游客携带手机入境已经不像以前那样有特别限制，但越南国际长途电话的收费高昂一直是全世界排名靠前的几个国家之一，游客也可以选择在过境的时候将手机寄存在海关。城市中公用电话都很普及，游客即使在一处很小的村镇也可以找到提供电话的旅馆、饭店、酒吧等。游客也可以选择购买当地SIM卡使用，在机场、旅游信息中心和Sinh Café都能买到，在游客集中的地区也有很多小店出售。

在越南拨打国际长途电话号码的顺序是：国际冠字+国家代码+地区代码+用户号码。如中国游客在越南向北京拨打国际长途的顺序就是：00+86+10+电话号码。

饮食

越南人的饮食较清淡，以清水煮、煎炸、烧烤为主。他们吃饭用筷子，喜吃生冷酸辣食物，食粮以大米为主，肉类有猪、牛肉和鱼，尤其喜欢用鲜鱼加工成“鱼露”，是京族日常生活中不可缺少的调料。越南蔬菜多数味道浓烈，而且习惯生吃，可能会有寄生虫问题或者引发痢疾，所以需要酌情食用。有些少数民族很好客，客人来到他们的家中，常用本民族最喜爱喝的酒和爱吃的生冷酸辣等食物待客。因此，客人即使不合胃口，也要尽量地吃，否则会被认为是看不起主人。南方山区少数民族，喜欢在节日喜庆时邀请客人一同喝坛酒，即轮流用管子从酒坛里吸酒喝，第一轮不能拒绝，否则被认为扫兴、失礼。第一轮以后，如不想喝，以双手抱拳向右肩举一举，表示谢谢不再喝了。

语言

越南全国通用的语言是越语和法语，在河内、胡志明市、顺化、岘港等大城市和旅游城市使用英语的人较多，在越南北部靠近中国边境地区的城市则有很多人会说汉语，中国游客不会感到交流困难。

时差

越南的时间比北京晚1小时。

电力

越南同中国一样使用220V的电压，而且大部分插头是两相圆插头，中国游客随身携带的电子设备在充电时如果插头不符，需要额外准备一个插头转换器。

度量衡

越南的长度计量单位采用国际通用的米和公里做单位，而重量单位则采用源自中国的斤和两。但需要注意的是，在越南16两等于1斤，而按照国际标准越南的1斤约为0.6公斤，游客在购买商品时需要特别注意这点。

法定假日

新年：1月1日

越南共产党成立纪念日：2月3日

中国新年：农历正月初一

越南南方解放日：4月30日

国际劳动节：5月1日

佛祖纪念日：5月28日

中元节：农历七月十五日

国庆日：9月2日

胡志明诞辰纪念日：9月3日

中秋节：农历八月十五

常用电话

中国驻越南大使馆：04-38453736

越南观光旅游局：04-38232826

河内旅游局：04-8252937

河内市公安：13

河内市救火：14

河内市急救：15

SOUTHEAST ASIA GUIDE

Southeast Asia

畅游东南亚

15

越南 · 河内

历史悠久的河内古称龙编、罗城、大罗城、升龙、东郡、东京、中都、北城等，是越南的政治中心。这座城市同时也有其悠闲平和的一面，在还剑湖边散步，或是坐在街边小店喝着咖啡，品尝当地的小吃，别有一番风味。

01 胡志明纪念堂

越南伟大领袖长眠的地方

TIPS

Pho Ngoc Hall&Pho Doi Can ★★★★

胡志明纪念堂位于河内市市中心，它是安葬越南社会主义共和国的缔造者、无产阶级革命领袖胡志明主席的地方。这座纪念堂坐落在巴亭广场的西端，整体造型是仿欧式风格，又有越南的民族特色，气势雄伟壮观，令人赞叹不已。步入大厅，首先看到的是位于红色花岗岩石壁上“没有什么比独立、自由更可贵了”的金色大字，旁边还有胡志明的签名。大厅里的胡志明遗体神态安详，每天都有游人前来瞻仰。

02 河内旧城区

逛

充满古老气息的城区

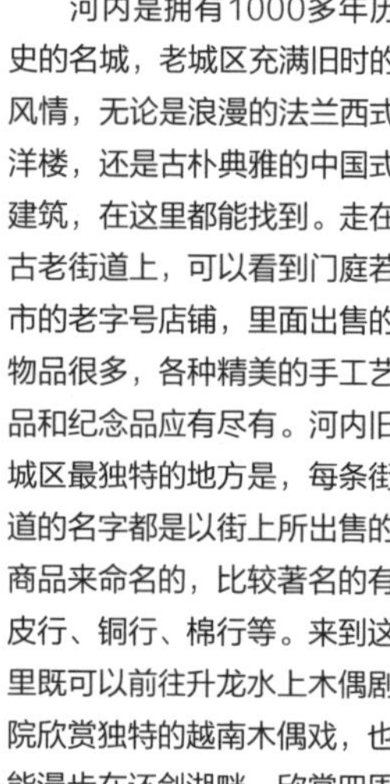

河内是拥有1000多年历史的名城，老城区充满旧时的风情，无论是浪漫的法兰西式洋楼，还是古朴典雅的中国式建筑，在这里都能找到。走在古老街道上，可以看到门庭若市的老字号店铺，里面出售的物品很多，各种精美的手工艺品和纪念品应有尽有。河内旧城区最独特的地方是，每条街道的名字都是以街上所出售的商品来命名的，比较著名的有皮行、铜行、棉行等。来到这里既可以前往升龙水上木偶剧院欣赏独特的越南木偶戏，也能漫步在还剑湖畔，欣赏四周优美的景色。

还剑湖北岸附近 ★★★★★

03 白马寺

古老的中国式寺庙

Pho Hang Buom & Pho Hang Giay ★★★★★

白马寺是河内诸多寺庙中历史最悠久的一座，它是古代城墙的一部分，并流传着很多有趣的名人逸事。这座寺庙深藏于河内的大街小巷之中，外形简陋，但是那些造型精美的瓦楞，能让人感到这里的不凡之处。走进寺庙里可以看到一座白马塑像，是这里供奉的主神，庙堂的正门上还悬挂着写有“白马最灵祠”字样的牌匾。寺内还有一座小凉亭，里面竖有一块刻着捐助者姓名的石碑。

04 还剑湖

河内的一大名景

South of Old Quarter ★★★★★

还剑湖是越南著名的旅游景区，它的面积虽然不大，但四周环境秀美，景点众多，被誉为河内第一名景。还剑湖的湖水清澈透明，四周的众多美景都倒映在水面上，别有一番情趣。还剑湖中还有几座小岛，著名的玉山祠和龟塔就位于这里，红色的旭桥将玉山祠与岸边连接起来，它那优雅的身姿令人赞叹不已，附近还有栖旭桥、笔塔和砚台等景点。龟塔虽然不高，却有着挺拔的身姿，是这里不可或缺的佳景。

05 文庙 赏

祭祀儒家先师孔子的地方

河内文庙现有建筑大部分建于17世纪，是越南最大的文庙建筑，在国外的此类建筑中也是首屈一指。迈过庄严雄伟的棂星门，看到的就是恢弘的大拜堂，大门悬挂着一块书写着“万世师表”四个大字的匾额，那是中国清朝康熙帝的御笔。这里祭祀着儒家先师孔子，两侧还有中越两国多位贤哲的塑像。文庙院内还有一处碑林，那里的石碑上刻录着每届科举的中榜者名单，共有100多块，具有很高的历史价值和艺术观赏价值。每到春节的时候，还会举行各种热闹的庆祝活动。

TIPS

Quoc Tu Giam 5000越南盾 

06 圣若瑟教堂 赏

气势雄伟的大教堂

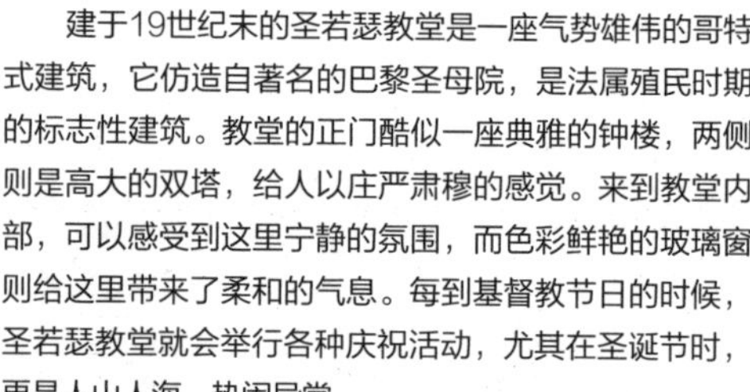

建于19世纪末的圣若瑟教堂是一座气势雄伟的哥特式建筑，它仿造自著名的巴黎圣母院，是法属殖民时期的标志性建筑。教堂的正门酷似一座典雅的钟楼，两侧则是高大的双塔，给人以庄严肃穆的感觉。来到教堂内部，可以感受到这里宁静的氛围，而色彩鲜艳的玻璃窗则给这里带来了柔和的气息。每到基督教节日的时候，圣若瑟教堂就会举行各种庆祝活动，尤其在圣诞节时，更是人山人海、热闹异常。

TIPS

Pho Nha Tho ★★★★★

07 胡志明博物馆 赏

全景展示胡志明生平的博物馆

胡志明博物馆是越南最大的人物主题博物馆，这里介绍了胡志明从踏上人生历程，到为革命事业奋斗终生的全过程。展馆的造型气势宏伟、典雅大方，各种装饰精美无比，顶部还雕刻有巨大的黄金莲花。展馆里的展品众多，既有胡志明早年出国留学寻求真理时的各种资料，也有他组建越南共产党时的照片，还有他的手稿和各种使用过的物品。这个展馆与一般的人物展馆不同的地方在于，各种展出物的摆放具有强烈的艺术气息，让人不禁啧啧称奇。

Bao Tang Ho Chi Minh　5000越南盾　★★★★★

08 一柱寺 赏

河内第一奇景

一柱寺是河内的著名景点，它位于碧波荡漾的湖水中，四周环境清秀，是赏景休闲的好地方。这座寺庙的独特之处在于它位于一根巨大的木柱之上，底下还有8根从柱子上延伸出来的支撑梁。小巧玲珑的一柱寺是用名贵木材建成，四周是一圈短栏杆，寺旁有阶梯与地面相连，寺檐微微上翘，如同出水莲花一般。寺内可以祭拜这里供奉的送子观音娘娘，也能纵览周边秀美的湖岸风光。

Chua Mot Cot　★★★★★

09 历史博物馆 赏

介绍越南历史的博物馆

1 Pho Pham Ngu Lao　15000越南盾　★★★★

建于20世纪30年代的历史博物馆有着雄伟的气势，它结合了东西建筑风格的精华，是河内的标志性建筑。博物馆里收藏的典籍众多，既有王室的圣旨，也有民间收藏的书籍，有趣的是这些典籍全部都是用汉字写成的。漫步在博物馆里，可以看到不同历史时期的越南地图，其中地域最广的一幅，已经把国土延伸到中国的洞庭湖流域，这让人不得不佩服越南人的野心。历史博物馆里还收藏着众多有关越战的资料，许多珍贵的照片是别处难以见到的。

10 越南总督府 赏

殖民时代的象征

Nha San Bac Ho 5000越南盾 ★★★★

越南总督府是法国殖民者统治越南的最高权力机构所在地，现在则是越南的国家主席府。这座大楼建于20世纪初，它是一座典型的法式建筑，有着典雅大方的造型，为林木葱茏的树林和苍翠欲滴的草坪所环绕。越南总督府被装饰得金碧辉煌，大厅里则有五个拱形大门和一面墙的巨大镜子，房间里的装饰简朴并富有越南的民族特色，没有豪华奢靡的感觉。

11 河内歌剧院 娱

河内最好的艺术表演中心

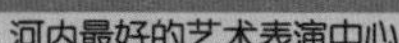

河内歌剧院建于法国殖民统治时期，它的整体造型典雅大方，是仿造著名的巴黎歌剧院而建的。这座剧院既有罗马式的高大圆柱，也有巴洛克风格的华美装饰，更不乏法兰西风情的浪漫氛围，是越南近代建筑的代表作。河内歌剧院是越南最好的艺术表演中心之一，经过现代化的改造之后，能够提供上佳的视听享受。这个剧院曾接待过世界上众多的知名艺术团体，那一场场精彩的表演让人回味无穷。

Pho Trang Tien 04-38254312 ★★★★★

12 越南国家美术馆 赏

越南最好的艺术展馆

TIPS

66 Nguyen Thai Hoc 04-38233084 20000越南盾 ★★★★★

成立于1966年的越南国家美术馆是越南最大的艺术展馆，造型典雅大方，结合了东西方建筑的精华，又有着本民族的特色。这里的展品众多，时间跨度很大，既有史前时代的原始人作品，也有现代艺术家所创作的越南造型艺术品。越南国家美术馆分为多个展区，其中包括史前和早期的越南艺术品区，11世纪到19世纪的越南艺术品区，近现代的绘画和雕塑作品区、应用装饰艺术作品区、民间艺术品区，11世纪到21世纪的陶瓷制品区。

13 河内西湖

河内第一大湖

TIPS

Ho Tay ★★★★★

河内西湖是越南最具影响力的风景区之一，这里景色秀丽，人文古迹众多，吸引着来自世界各地的游客。这里自古以来就是河内名景，越南历代王朝都曾在这儿修建宫室，供赏玩休闲之用，镇武观、镇国寺、金莲寺等古迹至今尚存，它们也是西湖魅力的一部分。漫步在西湖岸边，可以看到延绵不绝的桃树林，每到春天桃花盛开的时候，这里就会聚集大量来欣赏花海美景的游人。

14 Quan An Ngan美食街 吃

越南著名的美食街

Quan An Ngan美食街是河内著名的旅游街区，这里汇聚着越南各地的知名小吃，令人垂涎三尺。走在街上可以闻到各种美食的香味，让人忍不住要去大快朵颐一番。这些美食的做法各有不同，既有精致小巧的点心，也有散发着浓郁香味的烧烤品，不同特色的越南米粉更是应有尽有。

TIPS

15 Pho Phan Boi Chau ★★★★★

15 陆龙湾 赏

有“陆上下龙湾”之称的美景

陆龙湾是越南近些年来新开发出来的景区，保持着原始的自然风貌和淳朴的乡村气息，是一个可以和下龙湾相媲美的景区。这里山清水秀、林木葱茏，嶙峋的怪石令人惊叹不已。乘船前行可以看到充满神秘色彩的3个巨大岩洞，还有奇妙的喀斯特景观，古朴典雅的老式建筑和田地间劳动的农民，让人不禁有种置身于世外桃源的感觉。陆龙湾的洞穴内还建有佛教寺庙，其他景观也各有出彩之处。

TIPS

9km Southwest from Ninh Binh 30000越南盾

★★★★★

SOUTHEAST ASIA GUIDE

Southeast Asia

畅游东南亚

16

越南·下龙湾

地处越南广宁省的下龙湾分布有3000多个大小不一的岛屿和岩洞，形成一幅天然雕琢而成的精美画卷，是越南最著名的自然景点，素有“海上桂林”的美誉。

01 下龙湾

赏

越南最著名的自然景点

TIPS

166 D Le Thanh Tong Halong City 63-3846592
30000越南盾 ★★★★★

下龙湾可以说是越南最著名的自然景点，这里地处越南北部的广宁省，面积达1500平方公里，零散分布着3000多个岛屿，还有不少洞穴和岩窟，形成一幅天然雕琢而成的精美画卷，因为形似中国的桂林山水，所以有“海上桂林”的美誉。大自然凭借其鬼斧神工，将这里的山水岩石雕琢成各种鲜活的形象，有人、兽、物。其中最著名的当数蛤蟆岛，这座岛就像一只嘴里衔着青草的蛤蟆趴在水面上一样，栩栩如生。除此之外，在下龙湾还有绚丽的岩洞景观，非常漂亮。

02 吉婆岛

物产丰富的岛屿

Cat Ba Island ★★★★★

吉婆岛是越南近海一座非常著名的岛屿，在这座岛上拥有一大片原始森林，森林内栖息着很多珍稀动物，生长着不少珍贵植物，就像是大自然赐予人们的天然宝库一般，等待着人类的开发。除了拥有绝美的自然景色外，这里也是一座物产丰富的宝岛，岛上盛产白格木、乳香木等稀有木材，四周的海中有墨鱼、海虾、鲍鱼、海参、鱿鱼、沙丁鱼等丰富的水产资源。这里出产的鱼露也成为越南最著名的特产之一，名扬全世界。

03 吉婆国家公园

林木参天的国家公园

TIPS

Cat Ba Island 31-3216350
15000盾 ★★★★★

在吉婆岛上拥有广阔的原始森林，后来越南政府就把这里开辟成国家公园。这座公园距离吉婆镇17公里，交通十分便利，人们可以直接乘小车进入公园内。进入公园就好像来到了一个绿色的世界。这里到处都是青山绿水，各种参天巨树遮蔽了阳光，一种大自然特有的芳香从土壤里散发出来，沁人心脾。路两边到处都能看到各色野果，给满是绿色的公园增添了丰富的色彩，时常有好奇的猴子出没，和人们嬉戏，共享自然之乐。

04 摆渡龙湾 赏

具有野性魅力的海湾

摆渡龙湾位于下龙湾的西北部，是下龙湾的重要组成部分。相比起下龙湾的游人如织和规整的山水美景来，摆渡龙湾更具野性的魅力。这里有溶洞、沙滩、珊瑚、森林和渔村。人们可以乘坐富有中国风情的平底帆船遨游于水上，从各个角度欣赏这里的山水景观，与各种奇峰怪石近距离接触，这正是摆渡龙湾最吸引人的地方。

TIPS

6A Le Thanh Ton Street, Ha Long, 33-3655895 ★★★★★

05 巴贝国家公园 玩

越南最大的特用林和生态旅游区

巴贝国家公园是越南最大的特用林和生态旅游区之一，这座公园以巴贝湖为中心，总面积达500多万平方米。公园里森林繁茂，拥有植物400多种、动物300多种、鱼类近100种，可以说是动植物的天堂。位于公园核心位置的巴贝湖实际上是由3个湖泊相连而组成的，这里碧波万顷，经常还能看到各种鱼儿在水里游来游去。湖周围还有瀑布、悬崖、岩洞等天然形成的美丽景点，让人流连忘返。

TIPS

Ba Be National Park 281-3894099 ★★★★★

06 北河市集 逛

体验少数民族风情

TIPS

Bac Ha ★★★★

北河是一座安静淳朴的山间小镇，每到逢年过节的时候，附近的少数民族群众都会到这里来采购各种日常用品，并且将自家出产的货品拿出来卖，久而久之就形成了小有名气的北河市集。市集上可以看到不少身着花花绿绿民族服装的少数民族民众出售各种传统商品，其中有很多是在胡志明市、河内等大城市看不到的，那种浓郁的民族气息在其他地方也是很难感受到的。因此，北河市集也是各地游客体验越南传统民族风情最好的地方。

07 沙巴恋爱市集 逛

越南最具特色的市集

TIPS

Sapa ★★★★★

沙巴恋爱市集是越南最具特色的一处市集，位于沙巴的市中心，每到周末经常能看到青年男女纷纷来到这里。他们并不一定会买东西，只求在这个市集上转上一转。因为当地有个习俗，如果一个小伙子在恋爱市集上看中了哪家的姑娘，只需要上去握住她的手，如果她没有拒绝，两个人便可以继续发展，如果对方将手缩回，则表示对小伙子无意，而小伙子也只能继续去寻找自己的爱人。如今这里深受海外游客的青睐，说不定你在逛这个市集的时候也会被人牵上手。

SOUTHEAST ASIA GUIDE

Southeast Asia

畅游东南亚

17

越南·胡志明市

风光迷人的胡志明市旧称西贡，是越南第一大城市和经济中心。被昵称为“东方巴黎”的胡志明市因电影《西贡小姐》和《情人》而为世人所熟知，其繁华的风情和充满迷人魅力的法式建筑吸引了众多游人光顾流连。

01 统一宫

曾经的南越总统府

TIPS

106 D Nguyen Du　08-38294117　30000越南盾

★★★★★★

统一宫也称独立宫，是胡志明市规模最大的建筑群，曾经是第一任法国驻越南总督的官邸，后来变为南越政府的总统府。越南统一后，这里成为胡志明市最重要的景点。走进统一宫会被这里华美的装饰所吸引，在这座4层楼高的建筑里，共有100多个房间。1楼主要是会议室，2楼则是当时南越总统的办公室，3、4楼是休闲中心与总统居住空间。这里每个房间都配有豪华的吊顶灯和精美的家具，还有包括汉语在内的多国语言解说，让人参观起来十分方便。

02 胡志明市博物馆

法国殖民时期的宫殿建筑

胡志明市博物馆也称胡志明市革命博物馆，位于胡志明市的西贡区。这是一座法国殖民时期遗留下来的宫殿建筑，原名叫做嘉隆宫，外观相当气派。博物馆除了拥有气势恢弘的建筑外，还有漂亮的花园和走廊，也曾经作为南越政权主要的办公地点而具有重要的历史意义。馆内主要展出越南人民英勇抵抗外侮、坚持革命的各种文物，包括不少在战争中使用过的坦克、飞机等武器和当时的一些资料等物品。如今有不少越南青年男女专门来到这里拍摄婚纱照。

TIPS

65 D Ly Tu Trong　08-38298146　15000越南盾

★★★★★★

03 越南美术馆

展示越南艺术的发展

TIPS

97 D Pho Duc Chinh　08-38294441　10000越南盾

★★★★★★

胡志明市的越南美术馆原本是一位越南华侨所拥有的商业建筑，建于20世纪初的法国殖民时期，当时是由法国建筑师和越南建筑师共同设计的，将越南传统建筑风格和欧洲风格融合在了一起。越南统一后，这里被收归国有，并在1987年改造为美术馆。展馆1楼以越南或外国艺术家的短期特展为主，2楼则以近50年来的越南当代艺术品展览为主，3楼主要陈列17世纪到20世纪的古代艺术品和家具等。在这里甚至还能看到9世纪时富有印度风格的器皿和雕塑等。

04 人民委员会总部

胡志明市的市政厅

TIPS

Pasteur，Le Thanh Ton 乘6、14路公交车可到 ★★★★★

人民委员会总部也被称作胡志明市市政厅，是19世纪末法国殖民者在这里建造的华丽建筑之一，据说建造期长达16年，邀请了3位著名的法国建筑设计师联手设计。如今这里是重要的政府机关，不对外开放，人们只能在这座洛可可式风格的建筑外一窥当年的风范。在这座建筑前的广场上还矗立着胡志明的塑像，和背后华美的建筑交相辉映，不时还有出售各种纪念品的小贩穿梭其中，向游人们推销他们的货品。到了晚上，这里还有美丽的夜景，您如有机会领略，一定不能错过。

05 胡志明市立歌剧院

娱

具有欧式风格的歌剧院

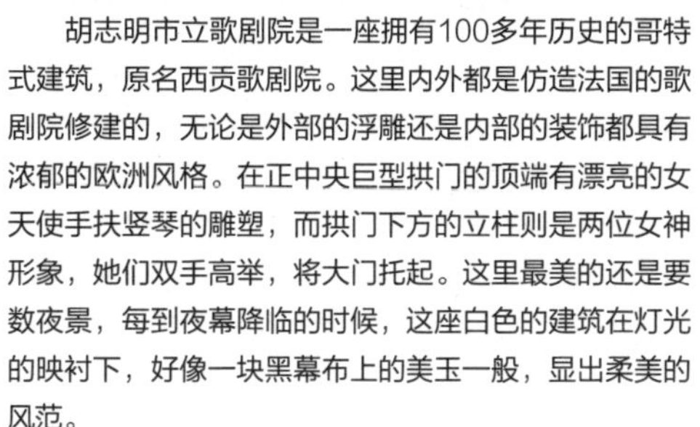

胡志明市立歌剧院是一座拥有100多年历史的哥特式建筑，原名西贡歌剧院。这里内外都是仿造法国的歌剧院修建的，无论是外部的浮雕还是内部的装饰都具有浓郁的欧洲风格。在正中央巨型拱门的顶端有漂亮的女天使手扶竖琴的雕塑，而拱门下方的立柱则是两位女神形象，她们双手高举，将大门托起。这里最美的还是要数夜景，每到夜幕降临的时候，这座白色的建筑在灯光的映衬下，好像一块黑幕布上的美玉一般，显出柔美的风范。

TIPS

Dong Khoi 08-38299976 ★★★★★

06 西贡中央回教堂

赏

色彩丰富的伊斯兰清真寺

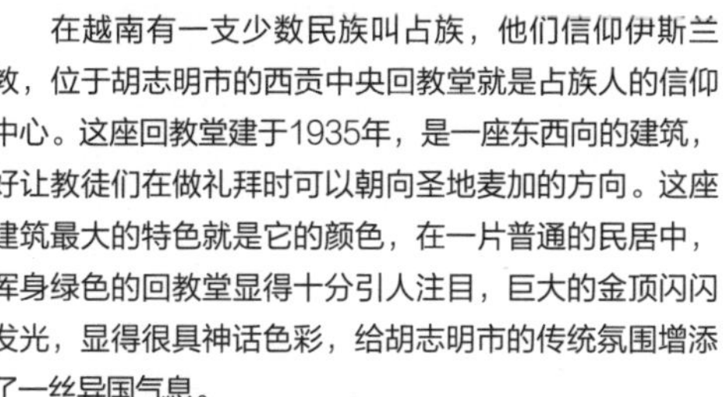

在越南有一支少数民族叫占族，他们信仰伊斯兰教，位于胡志明市的西贡中央回教堂就是占族人的信仰中心。这座回教堂建于1935年，是一座东西向的建筑，好让教徒们在做礼拜时可以朝向圣地麦加的方向。这座建筑最大的特色就是它的颜色，在一片普通的民居中，浑身绿色的回教堂显得十分引人注目，巨大的金顶闪闪发光，显得很具神话色彩，给胡志明市的传统氛围增添了一丝异国气息。

TIPS

66 D Dong Du ★★★★★

07 福安会馆

中国移民在越南的历史见证

TIPS

184 D Hung Vuong ★★★★★

在越南有不少中国明末时期的移民后代，他们被称作“明乡人”，因此越南的华人会馆通常也被称作明乡会馆。在这些明乡会馆中，福安会馆是最著名的一座。这座会馆位于华人聚居的堤岸地区，正门上书写着“七府明乡”几个字。会馆里的设施至今保存得都很完好，包括祭祀关帝的关帝庙、祭祖用的祠堂等。尤其是祠堂里小巧的陶瓷塑像、精致的黄铜祭祀用具、祭坛和墙上美丽的木雕、高处挂着的灯笼等，处处流露出浓厚的中国风情。

08 堤岸

世界上最大的华人聚居区之一

堤岸就是越南的唐人街，这里居住着大约50万华裔，是世界上最大的华人聚居区之一。华人在越南的历史中占据了重要的地位，堤岸也曾经是西贡最富庶的地区，如今这里也和那些旧城区一样，显得有些陈旧和破败。走进这里，还是会有一种身处中国国内的错觉，这里的一切都充满了浓郁的中国风，包括那熟悉的文字、口音和中国饭菜。在这里随处都能见到南北风味的中餐馆和出售各种物美价廉的中国商品的商场，对于那些西方游客具有不小的吸引力。

TIPS

Cho Lon ★★★★

09 西贡河

胡志明市的母亲河

TIPS

Saigon River ★★★★★

西贡河是越南南部最重要的河流，流经胡志明市的东部，然后汇入水濑岩湾。这条河流连通了湄公河三角洲，使得位于河口的胡志明市成为一处非常热闹的港口。西贡河虽然没有湄公河那么重要，却也是胡志明市不可缺少的一部分。西贡河沿岸是胡志明市最繁华的地带，聚集了市内最多的高层建筑，将这座东南亚地区名城的现代化一面完完全全展示出来。人们可以乘船在西贡河里畅游，饱览这座现代化城市的风光。

10 金边市场 逛

华人聚集的大市场

金边市场也称平西市场，是胡志明市首屈一指的大型市集，这个市场拥有上百年的历史，是聚居在这里的华人最喜欢的购物场所。这里好像一座中式的庭院一样，到处都是充满中国韵味的建筑。市场内分为上下两层、东南西北四个方向，琳琅满目的商品让人眼花缭乱。这里的商品囊括人们衣食住行各个方面，注重实用，物美价廉。商品的堆放方式也是极富越南特色的。

TIPS

Hau Giang,District 6 ★★★★

11 钻石购物中心 买

胡志明市的第一大购物商场

钻石购物中心是胡志明市的第一大购物商场，成立于1999年。这是一座样式十分现代化的建筑，由两座分别为15层及22层高的办公大楼组成。大楼外部铺设有大片玻璃幕墙，在阳光的照耀下闪闪发光。而大楼下面则是颇具法国风格的购物中心，购物中心有规模很大的购物区和经营世界各地美食的美食街，极具人气。除了可以购物和享用美食外，这里还有酒吧和娱乐中心。整个商场装饰豪华，比起那些世界知名的大型购物商场来也毫不逊色。

TIPS

34 Le Duan Street 08-38257750 ★★★★

12 自由路 逛

胡志明市著名的古董街

TIPS

D Dong Khoi Street ★★★★

自由路是胡志明市一条非常著名的商业街，因为曾经有一家叫做“大陆”的法国酒吧位于这里，所以也被称作“大陆街”。大街两侧能看到无数法国传统建筑，但是装修和装饰都保留着越南传统特色，极具古典风范。这里店铺销售的都是十分吸引外国游客的越南特产，包括越南传统服饰、漆器、油画、编织品等，是人们购买纪念品的最佳选择。在这里还有不少中国人经营的店铺，巨大的中文招牌让中国游客觉得非常亲切。

13 滨城市场 逛

胡志明市最大的集贸市场

滨城市场是胡志明市最大的集贸市场，占地11000多平方米。这里经营的货品包罗万象，食品、日用品、工艺品一应俱全，各种旅游纪念品也是十分充足，不过质量却是鱼龙混杂，需要游客们有相当强的辨识能力。这个市场和中国的集贸市场没有什么大的区别，在一个巨大的顶棚之下分布着各式各样的摊位，琳琅满目的商品让人眼花缭乱，如果善于讲价的话，在这里能用很便宜的价钱买到不少东西，是购物狂必到之地。

TIPS

Ham Nghi与Le Loi Tran Hng Dao交会处

★★★★

14 河粉2000 吃

美国总统曾到访过的河粉店

河粉2000是胡志明市最有名气的河粉店之一，在越南各地都开设了分店。因为美国前总统克林顿访问越南时曾经来到这里用餐，并对这里的河粉赞不绝口，因而这家店一炮走红，无数海外食客慕名而来，也使得店家特别制作了英文菜单放在门外。这里的河粉配料主要有牛肉、鸡肉、海鲜等，据说当年克林顿点的就是鸡肉河粉。这里的河粉坚韧有嚼劲，配上鲜美的肉和汤，味道十分出色。除了河粉，这里还供应其他菜式，适合各种口味的人。

TIPS

1 D Phan Chu Trinh 08-38222788 ★★★★

15 古芝地道 赏

四通八达的地下堡垒

TIPS

Cu Chi 70000越南盾 ★★★★★

古芝地道位于胡志明市西北侧，是越南人在长年抵抗法国殖民者的战斗中慢慢建设起来的，后来又成为抵抗美国侵略者的重要据点，在越南历史上占据了重要的位置。这条地道全长200多公里，内部设有医院、会议室、睡房、作战房间、粮库及军事陷阱等设施，规划极为完备。如今这里已经不再拥有军事效用，而是作为一个重要的旅游景点对外开放，漫步在这个错综复杂的地下世界里，感觉像在一个迷宫中探险，不知道脑袋探出地面时会身在何处，十分有趣。

16 耶稣山

世界上最大的耶稣雕像

说起耶稣山，人们第一个想到的肯定就是里约热内卢的那座著名的耶稣山。但是在胡志明市附近的头顿半岛也有一座耶稣山。山本身不高，海拔不过100多米，山上却有一座全世界最大的耶稣雕像。这座雕像高32米，通体用乳白色的大理石雕刻而成。耶稣双手张开，面对大海，神情安详，栩栩如生。此外，雕像内设有楼梯，人们可以拾级而上，到耶稣的肩膀上遥望远处的大海，那一望无际的美丽风光一定能让人一扫浑身的疲劳。

TIPS

Mulberry Beach ★★★★★

17 头顿海滩

热闹的海滨沙滩

TIPS

130 Km Southeast from Ho Chi Minh City ★★★★★

头顿海滩是越南最著名的海滩，是胡志明市的度假天堂。那海天一色的碧蓝景致和如金子般灿烂的美丽沙滩是这里最大的卖点。这条海滩全长15公里，一到节假日，海滩上人头攒动，非常热闹。不远处就是著名的耶稣山，从这里还能远眺巨大的耶稣雕像，感受一种神圣的美。头顿海滩的夜景更是出色，天上繁星闪烁，运气好的时候还能遇到流星雨。沙滩周围的小摊叫卖声此起彼伏，好一派繁忙的景象。

SOUTHEAST ASIA GUIDE

Southeast Asia

畅游东南亚

18

越南 · 其他

01 顺化堡垒 赏

越南古代城市的遗迹

顺化是越南中部的一座历史名城，曾经是越南阮氏王朝的都城，也曾作为越南的首都长达100多年时间，拥有丰富的历史积淀。在这里可以看到不少古代建筑，最著名的当数顺化堡垒了。这座堡垒被厚厚的城墙所围绕，是古代顺化的统治中心，随处都能看到完备的防御设施，而堡垒中心的越南古皇城更是人们参观的重点。这是仿造中国北京的紫禁城修建的，虽然规模远远不及，但是建筑的精美程度却毫不逊色，是顺化最著名的景点。

TIPS

Dai Noi 55000越南盾 ★★★★★

02 天姥寺 赏

历史悠久的名刹

TIPS

D Le Duan ★★★★★

天姥寺位于顺化城西、香河河畔，是一座具有400多年历史的古刹。这是一座状如古代宫殿的建筑，拥有天王殿、玉皇殿、大雄宝殿、说法堂、藏经楼、钟鼓楼、十王殿、大悲殿、药师殿等殿宇，每一座大殿都是金碧辉煌，装饰十分精美。寺前还有一座福缘塔，塔高21米，共分7层。宝塔周围满是绿树，风景独好。此外，天姥寺内还有一口拥有数百年历史的古钟，重达2000多千克，至今敲起来依然声音洪亮，给人留下了深刻的印象。

03 Dong Khanh王陵

最小的国王陵墓

TIPS

2-16 Km South from Hue

55000越南盾 ★★★★★

Dong Khanh王陵是越南历代国王陵墓中最小的一座，建于1889年，是阮朝景宗阮正蒙的陵墓。这座陵墓虽然规模不如顺化其他几座王陵庞大，却建造得相当漂亮，各种浮雕装饰和雕塑处处体现了王室的风范。而且这里也不像其他王陵那样游人如织，显得比较幽静，使人们更能慢慢体会这座陵墓的悠久历史和氛围。

04 岘港大教堂

岘港最著名的建筑

158 Tran Phu ★★★★★

岘港大教堂是岘港最著名的建筑，称得上东南亚地区教堂建筑的典范。这座教堂是1923年法国殖民时期所建，由于教堂的钟楼上有一只雄鸡，所以也被称作雄鸡教堂。教堂的外观非常漂亮，通体呈粉红色，哥特式的线条十分流畅，一座耶稣的雕像立在大门上方，显得安详而慈爱。走进教堂，在院子里能看到各式各样的塑像，这些塑像描绘了越南历史上那些有名的基督教圣人，制作精致，栩栩如生。

05 海云关

位于山间的钢铁雄关

TIPS

承天顺化省富禄海云山口 ★★★★★

海云关位于岘港北部，位于越南主要山脉长山的支脉海云岭上，是越南著名的天险。关口位于海拔470米的山岭之上，这里居高临下，挟两侧高耸的山崖而立，可以说是一夫当关，万夫莫开。这里自古以来就是越南的重要关隘，在越战中也是南越政府防御北方进攻的重地。如今在这里放眼远眺，可以看到漫长的海岸线和蔚蓝大海中的点点白帆，让人心旷神怡。山上还有不少当年留下的碉堡遗址，还能感受到当年战争时的那种紧张感。

06 岘港滩

曾经的美军疗养基地

TIPS

10 Km South from Danang ★★★★★

岘港是著名的海滨城市，在这里有长达30多公里的海岸线，越战时期是美军的疗养基地，曾被美国人称为“中国滩”。岘港滩是世界海滩中最著名的一处，拥有雪白的沙滩和蔚蓝的大海，是人们来到岘港必去的地方，甚至有“东方夏威夷”的美誉。人们可以坐在沙滩上，在那些颇有越南传统风格的遮阳伞下，远眺海天一色的美丽风光，也可以在浅滩的海水中漫步，享受海水没过脚面时的舒服感受，感觉身心都得到了放松。

07 会安古城

占婆王国时期的重要港口

TIPS

Hoi An Old Town 75000越南盾 ★★★★★

会安古城位于越南中部，早在占婆王国时期就是一处重要的港口，是东南亚最重要的对外交流窗口。因为贸易繁盛的缘故，很多外国商人往来于这座小城，尤其以中国人和日本人居多，因此这里也逐渐形成了这两国人的聚居区。在如今的会安城中，到处都能看到传统的中国和日本建筑，它们的布局严格按照过去的规格，十分完整，既展现了东方建筑的优雅柔美，又和越南传统文化很好地融合在一起，是感受当时各国文化交流的好去处。

08 占婆雕刻博物馆 

展示古代占婆人的艺术

岘港曾是占婆王国的首都所在，占婆族人在这里创造了光辉灿烂的文明。1915年，法国人在这里修建了占婆雕刻博物馆，这是世界上第一座收藏了占婆人各种雕刻作品的博物馆，馆藏十分丰富，拥有300多件大大小小的石雕作品，时间跨度长达8个世纪，并按照不同的发现地点摆放。这些作品充满了占婆族的古典风韵，甚至还有不少样式奇特的惊人作品，让人对古代占婆人那天马行空的想象力惊叹不已。

D Trung Nu Vuong　30000越南盾　★★★★★

09 美山占婆遗迹 赏

展示古代占婆人过人的建筑技术

My Son　0501-731309　60000越南盾

★★★★★

美山一直都是越南人心目中的圣地，被誉为“越南的吴哥窟”。这里曾经是著名的占婆王国所在地，如今在这里还能发现很多占婆王国时期建造的寺庙等建筑。这些占婆遗迹主要有两大特色，一是砖头之间没有混凝土之类的接合物，都是直接堆砌在一起；二是古老的墙壁上不会长苔藓，不会被侵蚀。这两点至今让人百思不得其解，也让人对古老的占婆人出色的建筑工艺水平敬佩不已。漫步在这些建筑遗迹之间，阳光直射下来，形成斑斑点点的光影，为这里增添了不少沧桑感。

GO!柬埔寨!

1 概况

印象

柬埔寨古称高棉，至今已经有2000多年的历史，9世纪时诞生的吴哥王朝曾经是东南亚最灿烂辉煌的文明。这个国家素以优美神秘的佛教遗迹而闻名，尤其是位于暹粒市市郊的吴哥窟更是被列为世界七大奇迹之一。除此之外，在沿海城市还有不少风光优美的海滩，是人们享受阳光和大海的最好去处。

地理

柬埔寨北邻泰国、老挝，南与越南接壤，西南临暹罗湾，总面积为181040平方公里，拥有443多公里的海岸线。境内有东南亚最大的淡水湖洞里萨湖，是全国人饮用水的主要来源，湖中的各种水产品也是当地不可或缺的重要资源。

气候

柬埔寨为典型的热带季风气候，年平均气温为24℃，其中5月至10月为雨季，是一年中平均气温最低的时候，而在旱季，气温往往会上升到40℃。

区划

柬埔寨共分班迭棉吉省、马德望省、磅湛省、磅清扬省、磅士卑省、磅同省、贡布省、干丹省、戈公省、桔井省、蒙多基里省、柏威夏省、波罗勉省、菩萨省、腊塔纳基里省、暹粒省、上丁省、柴桢省、茶胶省、奥多棉吉省等20个省和金边市、白马市、拜林市、西哈努克市共4个直辖市。

人口和国花、国鸟

柬埔寨人口约1541万，国花为银帽花，国鸟为巨鹮。

2 交通

飞机

北京、上海、广州均有航班直飞柬埔寨首都金边。香港、胡志明市、新加坡、吉隆坡、万象等也有飞往金边和暹粒的航班。柬埔寨国内各城市之间每天都有飞机往来，机票价钱非常实惠。金边到暹粒每天有数个飞机航班来回，单程票价约45美元。

摩托车

除几家大酒店及机场外，在金边很少看到出租车，而且出租车不一定有“TAXI”的标志。市内或从机场到市区乘出租车每次约$5。摩托车是最多也是最方便的交通工具，市内或从机场到市区乘摩托车每次约$1。柬埔寨的摩托车都不大（排量在1000cc以下，且均无倒后镜，不需戴头盔），金边市区的马路大部分欠佳，所以搭摩托车较颠簸。摩托虽小，但每辆摩托最多可载两名乘客（当地人能挤三四人）。

三轮车

三轮车的价钱视距离的远近、货物的多少和搭车人数而定，一般市区内每次1000~2000瑞尔，晚上可多加500瑞尔。三轮车车夫的英语较差。当你告诉车夫目的地时要耐心反复地嚷着那个地名或旅馆名，同时手里摇着你准备付的钞票，免得说不清价钱。不过当你招手要车时，会围过来一大堆热心的人，总有一两个能明白你要去哪里。

客车

主要城市都有白天班车或夜晚卧铺班车，距离不同票价不同，金边至暹粒需4~8美金。

自驾

全国公路总长约1.5万公里。最主要的公路有四条：1号公路（金边至越南胡志明市）；4号公路（金边至西哈努克港）；5号公路（金边经马德望至泰国边境）；6号公路（金边经磅同、暹粒至吴哥古迹）。

3 旅行常识

最佳旅游时节

柬埔寨地处低纬度地区，属热带气候，5月至10月是夏季，因受西南季风的影响，气温徘徊在33℃左右，加上雨量充沛，相对湿度高达90%。11月至次年4月是柬埔寨的冬季，吹较干凉的东北季风，平均气温为25℃~32℃，是最佳旅游季节。

货币兑换

柬埔寨的货币名称是瑞尔（Riel）。硬币只用于收藏。纸币面值有100、200、500、1000、2000、5000、10000和50000瑞尔。1元人民币约等于643柬埔寨瑞尔，1美元约等于4062柬埔寨瑞尔。在柬埔寨通用美元，最好携带美元旅游。

时差

柬埔寨时间比北京晚1个小时。

语言

柬埔寨国内以古老的高棉语（或称柬埔寨语）为主，英语在柬埔寨也很受欢迎，所以交流无压力。

住宿

柬埔寨的酒店能达到国际水平的并不多，且主要集中在首都金边。别的省份住宿条件都一般。柬埔寨的旅馆一般分为两大类：一为宾馆、饭店，以标准间为主（价格为$15~$80）；二为Guesthouse，即招待所，有单人间、双人间和多人大房间等（价格为$1~$5）。柬埔寨二星级及以上宾馆的标准间一般都有24小时热水（单独电热水器或中央水暖系统）、彩电（有的带卫星电视）、冰箱、空调，有的带电话。不供热水的房间会便宜些，当地自来水不冷，即使在较凉的旱季也可用自来水淋浴。柬埔寨气温较高，几乎所有宾馆都配备空调，空调房的防蚊虫效果与隔音性能较好。招待所一般使用公共浴室和公共卫生间以及电风扇。

通讯

中国移动的SIM卡能在柬埔寨使用，但是必须开通国际漫游。具体价格可以参见中国移动网站：http://10086.cn/images/internationalromaning.htm。

拨打中国电话价格：8.99元/分钟；拨打柬埔寨电话价格：3.39元/分钟。游客可以到柬埔寨的营业厅去办理一张SIM卡（须持有当地人的身份证），然后进行充值。拨打中国电话：86+（0省去）国内区号+电话号码，或86+手机号码，通话费用为0.15美元/分钟。拨打当地电话：直接拨打柬埔寨电话，通话费用每分钟约人民币五六角。

电压

柬埔寨同中国一样使用220V的电压。

禁忌

柬埔寨是一个信仰佛教的国家，佛教教徒占全国居民90%左右，少数人信奉伊斯兰教和天主教，风俗礼仪独特。特别注意要尊敬和尚，女性不得接触和尚，不要用手去摸别人的头。

柬埔寨人注重礼节，讲话很有礼貌，见面时要行双手合十礼。

在柬埔寨朋友家做客，要注意宗教方面的风俗习惯和民族礼仪，给予尊重。例如许多佛教教徒不吃荤，穆斯林忌提到猪，天主教忌讳“13”，尤其是“13日星期五”这个日子，忌讳跷着二郎腿说话等。举止要稳重大方，表情要自然诚恳，态度要和蔼可亲，主人讲话时要全神贯注地听，自己讲话时不要放声大笑，最好不要做手势。吸烟的客人，要询问一声主人，征得主人许可后可以吸烟，如果主人吸烟，可先向主人敬烟，然后再自己吸。客人可以观察一下，如果客厅里没有摆放烟灰缸，主人未请吸烟，这表明主人不吸烟，也希望客人不要吸烟，因而最好不要提出吸烟的要求。同主人讲话时，要避免涉及疾病、死亡等不愉快的内容，不要打听对方的工资收入、家庭财产等私人生活方面的事情，不对主人国家的内政作评论，不论述宗教方面的问题，不询问女主人的年龄，不夸奖女主人的长相、身材等。

SOUTHEAST ASIA GUIDE

Southeast Asia

畅游东南亚

19

柬埔寨·金边

地处湄公河与洞里萨湖之间的柬埔寨首都金边在半个世纪前曾有“东方巴黎”之称，现今这座生活节奏缓慢的城市虽因经过战火侵袭而破败不堪，但城中诸多古迹、街巷却别有一番魅力。

01 独立纪念碑 赏

柬埔寨独立的象征

独立纪念碑是柬埔寨的国家象征之一，是为了纪念这个国家从法国的殖民统治下获得独立而建的。这座纪念碑建于1958年，整体造型有着鲜明的古吴哥特色，古朴典雅，充满着独特的韵味，高37米，分为7层，每层都有独特之处。纪念碑上雕刻着形态各异的蛇神，它们是柬埔寨文化的象征，这些蛇神造型精美，令人赞叹不已。这里还是举行柬埔寨独立节庆典的地方，许多来访的外国元首和领袖也会到此敬献花圈。

TIPS

Inter, Of Norodom, Blvd, and Sihanouk Blvd ★★★★

02 波布罪恶馆 赏

介绍波尔布特统治时期的展馆

波布罪恶馆是由红色高棉统治时期的一座监狱改建而来的，是那段历史时期的一个缩影。据传这座监狱曾经关押过17000余人，里面还展示着很多当时的刑具。漫步在展馆内能够看到很多经过精心编纂和挑选的资料，能够让游客们更加清楚地了解波尔布特犯下的各种罪行。

TIPS

P.O.Box 1110, Phnom Penh, Cambodia ☎023-211875 ¥2美元 ★★★★★

03 金边王宫 赏

柬埔寨王室的宫殿

TIPS

Samdech Sothearos Boulevard, Phnom Penh, Cambodia ¥3美元 ★★★★★

金边王宫是柬埔寨的标志性建筑之一，它虽然是法国设计师在19世纪末设计的，但却拥有着东方古朴典雅的韵味。这座王宫坐落在四臂湾内，四周林木葱茏、风景秀丽。王宫内的房屋顶部大多为金色，造型美观，令人赞叹不已。漫步在王宫内可以看到许多富有特色的建筑物，包括中央检阅台、拿破仑三世阁等。凯马琳宫是这里的核心建筑，是柬埔寨国王接见臣子和外国来宾的地方，许多重大的典礼仪式也都是在这里举行的。

* 银殿

柬埔寨王室的御用寺庙

银殿是金边王宫内最重要的附属建筑物，它是柬埔寨王室求神拜佛的地方，因而成了金边著名的旅游景点。来到银殿内部可以看到由一块块纯银地砖铺成的地面，里面还供奉着一尊精美的翠绿色玉佛像。

04 柬埔寨国家博物馆

柬埔寨最大的博物馆

柬埔寨国家博物馆是柬埔寨最大也是藏品最多的博物馆，是世界上收藏古高棉文化艺术作品最多的国家博物馆。这座博物馆的主体部分融近代法式建筑风格和古高棉建筑风格为一体，造型十分精美。漫步在博物馆内，可以看到不同时期的艺术作品和珍贵文物，其中包括婆罗门教和佛教传说中神的石雕作品，也有造型各异的青铜器和生活中所用的木器。这里还有很多反映柬埔寨历史的资料，能让游客对这个国家有更清晰的了解。

TIPS

Ang Eng, 12206 Phnom Penh, Cambodia 023-211753 3美元 ★★★★★

05 塔仔山

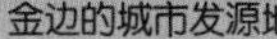

金边的城市发源地

TIPS

St.96, Norodom Blvd, Siem Reap, Cambodia 1美元 ★★★★

塔仔山位于金边市区，它是这座古老城市的发源地，是著名的风景旅游区。这座小山是金边最高的山丘，山上林木茂密，游人能在这里俯瞰金边繁华的城市风光，还能远眺周边的大好河山。塔仔山上的核心景点是一座古老的寺庙，这是这座城市最为古老的寺庙，金边的第一位居民“奔夫人”的雕像就矗立在这里。

06 乌那隆寺

柬埔寨最大的佛教寺院

TIPS

12206, Samdech Sothearos Boulevard, Sangkat Chey Chum Neas, Khan Daun Penh, Phnom Penh, Cambodia ★★★★★

乌那隆寺是柬埔寨最大的寺庙，同时也是一座闻名遐迩的佛学院，这里培养出了多位高僧大贤，是柬埔寨的精神圣地之一。这座寺庙建于15世纪中期，历史上曾多次被毁坏重建，现有建筑是1979年重修的。庙里的建筑体现出高棉建筑风格，那些独特的骨灰塔是这里的一大景观。乌那隆寺还收藏了许多圣物，值得驻足观看。

07 金边中央市场

逛

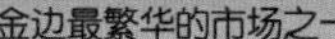

金边最繁华的市场之一

TIPS

Kampuchea Krom Blvd, Phnom Penh, Cambodia ★★★★

金边中央市场是一个热闹繁华的市场，来这里购物的不仅有各地游客，还有许多当地人。游人们在这里可以购买到与吴哥窟相关的产品，既有精致的雕塑，也有印有遗迹的明信片，各种地图和书籍应有尽有，市场上还出售介绍柬埔寨优美风光的影碟。

SOUTHEAST ASIA GUIDE

Southeast Asia

畅游东南亚

20

柬埔寨·吴哥窟

毗邻小城暹粒的吴哥窟隐匿在茂密的丛林之中，此处被誉为世界七大奇迹之一的古迹群曾经是古高棉王国的首都，遗迹中随处可以看到高大的佛塔和气势恢弘的寺庙、宫殿，令世界各地游客慕名而来，感受这里带给人们的震撼。

01 吴哥寺 赏

柬埔寨的国家标志

Bat Dambang 暹粒城内包车可到 ★★★★★

吴哥寺是著名的吴哥古迹的核心景点，是这个世界文化遗产最重要的组成部分。这座寺庙是古高棉建筑艺术的巅峰之作，拥有着不可胜数的奇妙景观，是古代真腊王国留给人类的宝贵财富。穿过宽阔的护城河就能看到那些造型精美的建筑，其中包括8幅巨型浮雕，上面刻绘的是印度教中的著名神话场景。这里的回廊充满独特的艺术美感，高大的石塔上面镶嵌着华丽的雕饰。

五座圣塔

高棉风格的佛塔

五座圣塔是小吴哥最著名的景点之一，是由5座造型典雅的佛塔组成，中间的1座高塔被4座较小的佛塔环绕起来。佛塔的外侧雕刻着各种精美的图案，其顶部则是过去的真腊国王拜神的地方。

02 通王城 赏

古代吴哥王朝的首都

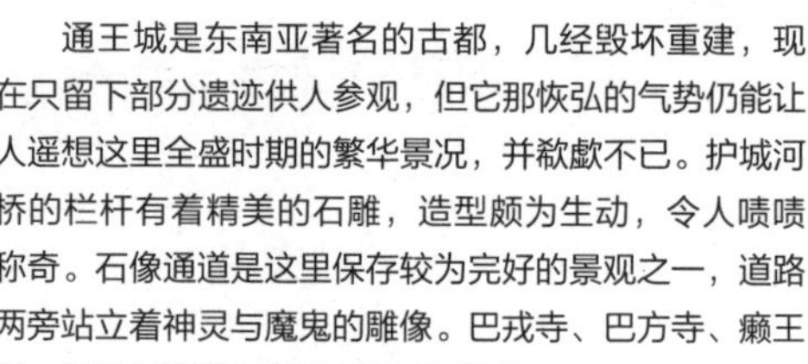

通王城是东南亚著名的古都，几经毁坏重建，现在只留下部分遗迹供人参观，但它那恢弘的气势仍能让人遥想这里全盛时期的繁华景况，并欷歔不已。护城河桥的栏杆有着精美的石雕，造型颇为生动，令人啧啧称奇。石像通道是这里保存较为完好的景观之一，道路两旁站立着神灵与魔鬼的雕像。巴戎寺、巴方寺、癞王坛、战象台阶等也是独具魅力的景观。

TIPS

Bat Dambang 暹粒城内包车可到 ★★★★★

五大城门

古通王城的城门

五大城门是通王城最醒目的建筑之一，造型恢弘典雅，令人驻足。每座城门的前方都有一座护城河桥，桥的两侧还有精美的大型雕像，和城门上方的石像相互呼应，颇为壮观。

03 巴戎寺 赏

气势雄伟的古老寺庙

巴戎寺是通王城里的核心景点，虽然只剩下部分残垣断壁供人参观，但那雄伟的气势却令人赞叹不已。这是一座金字塔形建筑，中下两层是正方形的基座，廊壁上有精美的浮雕，既讲述了动人的神话传说，也描绘了高棉王国的民俗风情。巴戎寺的顶部拥有40多座高塔，它们大小不一，造型华丽，里面供奉着以阇耶跋摩七世为原型的佛像。

TIPS

0112 G7 - Watdamnak Village, Salakamrourk Commune, Siem Reap 1700 暹粒城内包车可到 17-408403 ★★★★★

✱ 高棉的微笑

享誉世界的雕像

巴戎寺的佛塔就是一座巨大的四面佛雕像，造型典雅，表情生动，露出淡淡的笑意，因而被称为“高棉的微笑”。漫步在塔林之中，无论处于什么地方都会感到被祥和的眼神注视着。

04 女王宫 赏

精巧典雅的古代宫殿

女王宫是吴哥古迹中的重要组成部分，它是柬埔寨的三大圣庙之一，里面供奉着婆罗门教的神灵。这座寺庙造型典雅，建筑物的墙壁和装饰物的外表上有着鲜艳的色彩，令人赞叹不已。庙内的雕刻很多，造型婉约细腻，有着活泼生动的神情。女王宫里供奉的主神是湿婆，另外还有梵天和毗湿奴神的雕像。

TIPS

Siem Reap 暹粒城内包车可到 ★★★★★

05 巴肯山 赏

可以俯瞰吴哥窟的小山丘

巴肯山是吴哥窟附近的一座小山丘，虽然只有70余米高，但已经是这一区域的制高点，游人可以在山上俯瞰吴哥窟。漫步在小山上可以看到一座古代寺庙的遗迹，那就是大名鼎鼎的巴肯寺，是吴哥窟的起源之一。这座寺庙是典型的古高棉建筑，逐级缩小，台阶两旁还有精美的石狮子雕塑。

TIPS

Angkor Archaeological Park, Siem Reap 暹粒城内包车可到 63-760079 ★★★★★

06 崩密列 赏

高棉风格的印度教神庙

TIPS

Beng Mealea，Siem Reap 暹粒城内包车可到 ★★★★★

崩密列是一座为茂密的林木所掩映的荒凉寺庙，它的名气不大，却有着悠久的历史和独特的人文景观。漫步在古迹内，可以看到许多寺庙的残骸和遗迹，虽然那些雕刻在砂岩上的图案很多都已经模糊不清，但那优美的轮廓仍让人赞叹不已。崩密列保持着高棉建筑的原始风貌，还有精美的浮雕和塑像供人参观。

07 暹粒地雷博物馆 赏

表现战争残酷性的展览馆

暹粒地雷博物馆里收藏着大量地雷，它们的来源广泛，既有柬埔寨与越南发生战争时期两国军队的布雷，也有柬埔寨内战时各势力所埋下的地雷，是那个动荡时代的见证。

在地雷博物馆里可以看到世界主要军火大国出产的地雷，既有杀伤人员的步兵地雷，也有针对车辆的反坦克地雷。这里还有专门介绍地雷对柬埔寨人民伤害的展区，能够让人了解到战争的残酷。

TIPS

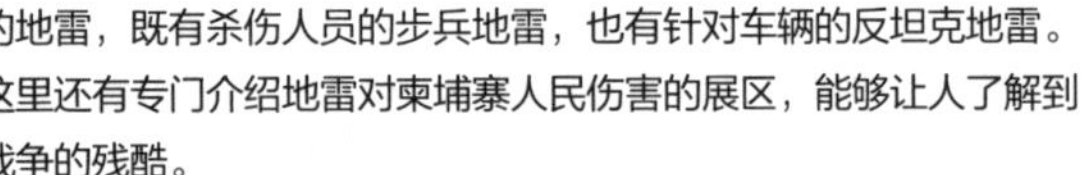

暹粒市区北郊 012-630446 ★★★★★

08 暹粒旧市场 逛

热闹喧嚣的市场

暹粒旧市场是暹粒著名的综合性市场，也是这座城市里最有活力的区域之一。漫步在市场里可以看到许多具有柬埔寨民族特色的商品，那些造型别致的手工艺品，让人很有购买欲望。这里还有很多大排档，各种鲜榨果汁让人胃口大开，烤鸡翅、猪排、牛排、鱿鱼、大虾等更是令人赞不绝口。

TIPS

Street 9 Siem Reap ★★★★

09 柬埔寨民俗文化村

集中展现柬埔寨民间文化风情的地方

TIPS

Airport Road 6, Khum Svay Dang Kum, Krus Village, Siem Reap Cambodia
063-963836 12美元 ★★★★★

柬埔寨民俗文化村是感受这个国家传统民俗风情的好地方，也是一个集旅游观光、娱乐休闲于一体的综合性景区。游客可以居住在古老的高棉式房屋中，品尝柬埔寨各地的风味美食、欣赏独特的民俗表演、参加热闹欢快的传统婚礼。民俗文化村里还有介绍柬埔寨历史人物的蜡像馆和介绍古代吴哥王朝的博物馆。

10 洞里萨湖

赏

东南亚最大的淡水湖

Chong Kneas Village,Chong Knies Commune, Siem Reap, Cambodia 15美元 ★★★★★

烟波浩渺的洞里萨湖是柬埔寨第一大湖，被誉为这个国家的生命之湖。湖边的居民都居住在独特的高脚屋里，整座城镇都搭建在水面上，形成了独特的人文景观。游人可以乘坐轮船欣赏优美的湖光山色，还能在湖畔的诸多古迹中探寻高棉王朝的遗迹。

11 罗洛士遗迹群

高棉文化的发源地

Phnom Kulen ★★★★★

罗洛士遗迹群的建筑都是吴哥王朝统治时期所建的，迄今已有1000多年的历史，被誉为高棉文化的发源地。这里的建筑遗迹很多，许多房屋仍大致保持原有的典雅造型。巴孔寺是这里最大的建筑，气势颇为雄伟，古印度风格的造型让它拥有了华丽的装饰。漫步在罗洛士遗址景区内还能看到造型精美的高塔和极具艺术感染力的壁画。

SOUTHEAST ASIA GUIDE

Southeast Asia

畅游东南亚

21

柬埔寨·其他

01 索卡海滩

玩

西哈努克市的知名海滩

Sokha Beach ★★★★★

索卡海滩是西哈努克市最有名气的海滩，这里沙滩柔软、海水清澈，是休闲度假的好地方。这里是附近的Sokha Resort Hotel度假村的专用海滩，因此生态环境保护得很好，游人可以尽情地在海中畅游，也能在安静的环境中享受日光浴。索卡海滩还有众多娱乐项目，供游人选择。

02 胜利海滩

玩

感受海洋风情的好地方

胜利海滩是西哈努克市的著名海滩之一，这里的礁石众多，虽然不适合在海中畅游，但却是欣赏日落的好地方。游人可以乘坐轮船出海，体验渔民的生活，还能亲自捕捞海鲜，做成美味的菜肴，大快朵颐一番。胜利海滩的环境幽静，游人在此可以放松疲惫的身心，懒洋洋地度过美好的时光。

Victory Beach ★★★★★

03 奥克提尔海滩

玩

适合漫步的海滩

奥克提尔海滩是西哈努克市最具魅力的海滩，狭长的沙滩上遍布晶莹柔软的白沙，是一个极具浪漫情调的海滩。游人既可以在沙滩上漫步，欣赏美丽的海边风光，也能躺在沙滩椅上，享受日光浴。当然，这里也是举行沙滩排球和沙滩足球等体育活动的好地方，那些激烈的比赛也吸引了人们的目光。

Ochheuteal Beach ★★★★★

04 马德望竹子火车

惊险刺激的交通工具

马德望竹子火车是柬埔寨特有的一种铁路交通工具，历史虽然不长，但已经成为这座城市的象征。这种火车是由人力驱动的平板列车，只有一节，操作者在后方控制列车的前进速度。游人们乘坐这种火车可以欣赏铁道两侧的优美风光，还能体验到惊险刺激的感觉。这种火车的速度不快，却没有防护措施，乘坐时需谨慎。

TIPS

马德望郊区 2美元 ★★★★

05 埃普农庙

酷似乐高积木的寺庙

埃普农庙是一座十分荒凉的寺庙，掩映在树林之中，没有得到很好的修葺与保护。这座寺庙的整体建筑造型还保存得相当完好，但那些石块之间的黏合剂已经风化了，石块层层累积起来，与乐高积木楼房颇为相似。埃普农庙最大的看点是一座高达28米的神像，它就是这里供奉的神灵。

马德望市区北部 ★★★★★

06 巴农庙

赏

袖珍版吴哥窟

Banan Hill Battambang ★★★★★

巴农庙建于真腊王国统治时期，有着悠久的历史。这里的建筑在岁月的侵蚀下消逝了很多，但仅剩下的遗迹仍能让人感受到它的壮美之处。巴农庙与吴哥寺相同的地方在于，5座塔式建筑都是印度风格的，只可惜塔上的华丽装饰已经看不到了。

07 马德望博物馆

收藏马德望地区珍品的博物馆

马德望博物馆是一座造型优雅的建筑，也是这一地区最大的博物馆。漫步在博物馆里可以看到许多精美的收藏品，时间跨度很大，既有上古时期的考古文物，也有近现代的民间艺术品。这里最为有趣的收藏当数独特的门楣石，都有着精美的雕刻，该馆的镇馆之宝则是后巴戎时代大乘佛教的界碑。

River Road 053-730007 1美元 ★★★★★

GO!老挝!

1 概况

印象

老挝古称“寮国”，是中南半岛上唯一的内陆国家。它历史悠久，曾经是澜沧王国、真腊王国等国家的属地，近现代曾长期被帝国主义国家殖民。这里拥有很多自然景点与历史文化古迹，包括万象塔銮、玉佛寺、占巴塞孔埠瀑布、琅勃拉邦光西瀑布等，其中琅勃拉邦市、巴色瓦普寺更是被列入了世界文化遗产名录，深受人们追捧。

地理

老挝北邻中国，南接柬埔寨，东和越南接壤，西北达缅甸，西南毗连泰国，是一个四通八达的国家。国境线上多以崇山峻岭为主，山地和高原占据了国土面积的80%，素有“印度支那屋脊”之称。湄公河自北而南贯穿整个国家，并在这里形成广阔的流域，也是老挝最重要的生命大动脉。

气候

老挝全国属于热带、亚热带季风气候，全年旱雨两季分明，年平均降水量为1200~2500毫米，多集中在5~10月份。

区划

老挝可以分为上寮、中寮和下寮三大区，下辖阿速

坡省、博胶省、博利坎赛省、占巴塞省、华潘省、甘蒙省、琅南塔省、琅勃拉邦省、乌多姆塞省、丰沙里省、沙耶武里省、沙拉湾省、沙湾拿吉省、公河省、万象省、川圹省等16省以及万象直辖市、赛宋本行政特区。

2 交通

飞机

老挝的航空业并不十分发达，全国主要有三个国际航空港，分别是有泰国、柬埔寨和越南航线的琅勃拉邦；有中国、泰国、柬埔寨和越南航线的万象；有柬埔寨航线的占巴色。目前中国国内有从其他城市经停昆明到万象的航班，老挝航空和中国东方航空经营这条航线，几乎每天都有来往航班。

客车

老挝没有火车，因此巴士是最方便、经济的交通工具。夜间巴士是省时的最佳选择，一般不会晚点。夜间巴士内部干净，舒适度也还可以，价格略贵一些。普通巴士如果是长途一般都有空调，座位不算太狭窄，中间也会停下来供人吃饭、休息。

巴士购票非常简单，一般在街边的旅行社或是旅店都能购买。最好能多看两家，以便知道票价行情。

Tuk Tuk

在老挝最方便的除了自行车就是Tuk Tuk，这是东南亚国家最普遍的交通工具。老挝并不大，价格不必担忧。

租自行车

可在旅店租车，价格在20000基普/天左右。

3 旅行常识

货币兑换

老挝的货币是基普（Kip），老挝境内交易基本都是用基普标价的。目前的兑换牌价是1美元=8233基普，1人民币=1295基普。汇率会上下浮动，请以实际情况为基准。老挝币值变化太快，建议根据用量兑换当地货币使用。

语言

老挝的官方语言以万象的老挝语为主，在湄公河谷城市和乡镇地区，少数人懂法语。

时差

比中国晚一个小时。

住宿

老挝旅游景点的住宿条件都不错，一般是家庭式的旅馆，招牌是统一的样式，黄底红字，房子是法国式的二层洋楼。房价不贵，40000~200000基普一个双人房间，独立或公共卫生间能洗热水澡，很干净。

通讯

游客可在当地购买ETL手机卡，40000基普的手机卡含20000基普的通话费，老挝境内接听免费，拨打均为1000基普/分钟，还有免费短信100条，可用于在当地的联络。这种电话卡相当便宜，在几个主要旅游城市的商店和货币兑换点都可买到。中国全球通移动电话只要开通了国际漫游的在老挝境内都能使用，具体价格可以参见中国移动网站：http://10086.cn/images/internationalromaning.htm。

电压

老挝同中国一样使用220V的电压。

最佳旅游时节

老挝是热带、亚热带季风气候，5月～10月为雨季，11月~次年4月为旱季，最佳的旅游时节是11月~次年4月。

禁忌

85%的老挝居民信奉小乘佛教。所以，老挝人在日常生活中忌讳的行为较多。如果在老挝旅游，应当尽量避免触犯他们的禁忌。老挝人忌讳触摸他人头部，认为头部是神圣不可侵犯的；忌讳用脚指人或物，认为脚是下贱的部位，用脚是对别人的侮辱；忌讳用手触摸佛像，更不能用身体的下部去碰触佛像，认为这是对佛像的亵渎；忌讳从坐卧着的人前面跨过，认为那是很没礼貌的行为；忌讳用左手递物或吃饭，认为左手是处理不洁之物的，是肮脏的；忌讳在公共场合有过于亲密的举动，且不可当众发脾气，认为这样的人品行有问题；忌讳在僧侣面前两腿交叉坐，认为这样是对佛的不敬；视白色为不吉利的色彩，家里不挂白色蚊帐，忌盖白色被子。

SOUTHEAST ASIA GUIDE

Southeast Asia

畅游东南亚

22

老挝

东南亚唯一的内陆国家老挝是小乘佛教文化保存完整的国家，在老挝可以欣赏到建于不同时期的寺庙，其中最著名的华通寺已有500余年历史。

01 万象凯旋门 

万象最著名的标志性建筑

TIPS

Thannon Lan Xang 10000基普

★★★★★

万象凯旋门是万象最著名的标志性建筑，这座凯旋门建于1969年，是为了纪念在战争中牺牲的战士。这座凯旋门的式样和巴黎凯旋门十分相似，但是在顶端加上了极具东南亚风格的尖顶，同时拱门四周都是典型的老挝寺庙雕刻和装饰，充满佛教色彩，展示了老挝传统的民族文化艺术。人们可以登上凯旋门顶，一望万象美丽的街市风景。

02 玉佛寺 

老挝最大的寺院之一

万象的玉佛寺是在1565年由当时统治这里的澜沧王国国王下令修建的，一直是老挝最大的寺院之一，后来在战火中屡遭劫难，如今已被改建成为一座宗教博物馆，建筑也是1940年左右重建的。玉佛寺中曾供奉着用天然祖母绿制成的玉佛，晶莹剔透、做工精美，堪称佛教艺术史上少有的杰作，但是后来被暹罗军队抢走，如今保存在曼谷。

Th Setthathirath 021-212618

5000基普 ★★★★★

03 西萨格寺

金碧辉煌的十万佛寺

Avenue Lane Xang ¥5000基普 ★★★★★

西萨格寺位于玉佛寺附近，是澜沧王国最后一位国王在位时期修建的。这座寺庙占地面积广阔，气势宏伟，融合了老挝和泰国等地的建筑艺术，并且使用了金银箔等华丽的装饰，显得金碧辉煌。在寺里存放着大大小小各种佛像，加起来重量超过了10万公斤，所以也就有了“十万佛寺”的美誉，游人还可在这里欣赏寺中珍藏的老挝古代艺术品。

04 翁得寺

老挝最大的佛教学院

翁得寺是老挝最重要的寺庙之一，这座建于16世纪的寺庙由当时的国王下令修建，曾因多次毁于战火而又重建，在老挝历史上占有重要的地位。如今寺庙里还居住着老挝佛教界的很多高僧，很多僧侣在这里学习修行，可以说这里已经成为老挝最大的佛教学院。

Intersection of Setthathirat and Chao Anou Roads, Vientiane ☎021-212248 ★★★★★

05 西孟寺

位于万象市中心的寺庙

TIPS

Thanon Thadeua, Eastern Junction of Thanon Samsenthai and Setthathirat, Vientiane ☎021-212251 ★★★★★

西孟寺位于万象市中心赛塔提拉大街、塔德大街和撒桑戴大街三条大街交会处，交通便利，人流量很大，同时寺庙门口摆放着被当地人认为是守护神的方形奠基石，因此这里就成了万象最热闹的佛寺，很多人前来求签问卜。在寺庙内有很多造型各异的东南亚佛教雕塑，很多都是凶神恶煞的金刚力士。而寺庙大殿上则有不少精美的浮雕，讲述佛祖释迦牟尼的神奇事迹，也很吸引人们的眼球。

06 塔銮

老挝佛教建筑艺术的代表作

塔銮是老挝佛教建筑艺术的代表性作品，建于1548年。塔銮由一座大塔和数十座小塔组合而成，每座宝塔上都用金箔敷贴，在阳光的照射下闪闪发光，其宏伟壮观难以用语言描述。这座建筑在老挝有着重要地位，甚至在老挝国徽上都能看到它的身影。这里是老挝历代国王和高僧的埋骨之所，据说还存放着佛祖的舍利子，十分珍贵。

TIPS

Pha That Luang Vientiane 乘Tuk Tuk车可到 5000基普 ★★★★★

07 浦西山

赏

琅勃拉邦最著名的山峰

Phou si 20000基普 ★★★★★

浦西山是琅勃拉邦最著名的山峰，这座山虽然规模并不大，但是景色十分优美，可以俯瞰琅勃拉邦的全貌。山上还有佛塔、寺庙、王宫等建筑，到处弥漫着传统的老挝风情。每到夕阳西下，金色的阳光将山峰笼罩起来，寺院等建筑散发出神圣的光彩，仿佛有种魔力一般，吸引着每一个人。

08 万桑岩雕

曾经是大象乐园的佛教圣地

TIPS

Vang Sang ★★★★★

万桑岩雕距离首都万象65公里，这里原本是一处大象基地，是大象们生活的乐园，因此也被称作“大象之家”。如今这里已经变成了一处佛教圣地，到处都是雕刻在石头上的佛像，其中最引人注目的是雕刻在同一岩壁上的两座高4米的巨大佛像，这两座佛像占据了整个岩壁，气势宏伟，雕刻手法极为精细，是古代佛教造像艺术的精品。

09 琅勃拉邦王宫

澜沧王国的国王住所

TIPS

Sisavangvong Road, Luang Prabang 021-212122

30000基普 ★★★★★

琅勃拉邦王宫是琅勃拉邦最著名的景点，这座王宫的历史并不久远，是1904年建成的。作为澜沧王国的国王住所，这座王宫经历了70多年的春秋，直到1975年老挝革命后被改成了博物馆。如今这里依然收藏着很多澜沧王国的遗迹和许多国家级文物，里面金碧辉煌，装饰极为精美，大殿、书房、议事厅、起居室等各有特色。此外，这里还珍藏着金佛、壁画等具有极高价值的艺术品，让人过目难忘。

10 华通寺 赏

琅勃拉邦最具代表性的寺院

13, Luang Phrabang 20000基普 ★★★★★

由澜沧王国的国王在1565年下令修建的华通寺是琅勃拉邦最具代表性的寺院，也是老挝规模最大的寺院之一。外形极具特色，长长的屋檐几乎要垂到地面上，属于琅勃拉邦的传统样式，而寺庙外墙则用彩色玻璃镶嵌出美丽的贴画。寺内供奉着一座年代久远的卧佛像，是这里的镇寺之宝，澜沧王国国王和王后的骨灰也存放在这里。

11 占巴塞市瓦普神庙 赏

比吴哥窟还要古老的“小吴哥”

占巴塞市瓦普神庙也被称作“小吴哥”，它的规模比吴哥窟要小，但是年代却比吴哥窟早了200多年，可以说比吴哥窟还要意义重大。这座神庙全长约800米，主要分为三个部分，包括圣湖、庙廊、主庙。每座佛殿上都有美丽的浮雕，多为印度神话里的民间故事，其中属《罗摩衍那》中“神猴哈努曼大战群妖”浮雕最为精致，也最出名。

TIPS

Champassak 占巴塞市乘船可到 300基普 ★★★★★

12 苏发努冯的窑洞

老挝人民党革命的遗迹

老挝的深山窑洞是很重要的革命遗迹，这里是20世纪70年代老挝人民党的藏身之所，他们在这里坚持游击战争，最终取得了革命的胜利。在各窑洞中，最著名的当数苏发努冯的窑洞，也被称作红色亲王窑洞，洞壁十分厚实，可以抵挡炸弹的轰炸，内部设有会议室、餐厅、休息室、急救室等，并展示了很多老挝革命时代的珍贵文物。不过参观这些窑洞需要事先申请，并在导游陪同下才可以。

Vieng xai 2000基普 ★★★★

13 四千美岛

欣赏奔流不息的壮美大河

老挝、柬埔寨边境附近的湄公河段 巴色乘船可到 ★★★★★

四千美岛指的是湄公河从老挝南部流向柬埔寨的一段，这里有一条较宽的河道，每当旱季河水退去，这里就会显露出无数小岛。在这些岛屿中较大的几个常年有人居住，其他大多为无人岛屿或是沙洲，人们可以乘坐游艇在这些岛屿之间穿梭往来。东阔、东德、东孔是这里最著名的三座岛屿，上面有风景秀丽的村庄，可以在岛上看滔滔大河奔流不息的壮美景致。

1 概况

印象

泰国全称泰王国，旧名暹罗，素有“黄袍佛国”的美誉，又被称为“佛教之国”、“大象之国”、“微笑之国”等，是一个具有2000多年佛教史的文明古国。泰国佛寺宏伟壮观，建筑装饰精巧卓绝，全国各地分布着3万多座充满神秘色彩的古老寺院和金碧辉煌的宫殿，享有“泰国艺术博物馆”的美称。泰国拥有广博的佛教文化、独有的民间风俗与优美迷人的热带风光，古今、东西文化在泰国完美融合，是绝佳的度假地。

地理

泰王国位于东南亚的中心，分为北部山区丛林、中部平原的广阔稻田、东北部高原的半干旱农田，以及南部半岛的热带岛屿和较长的海岸线四个自然区域。其中泰国南部是西部山脉的延续，山脉向南形成马来半岛，最狭处称为“克拉地峡”。此外，泰国人习惯将国家比作大象的头部，将北部视为“象冠”，东北地方代表“象耳”，暹罗湾代表“象口”，而南方的狭长地带则代表了“象鼻”。

气候

泰国属于热带季风气候，常年潮湿多雨，气候湿热，全年分为热、雨、凉三季，年均气温24℃~30℃。其中每年3~5月气温最高可达42℃，7~9月受西南季候风影响为泰国雨季，11~12月受东北季候风影响气候干燥。

区划

泰国全国共有76个一级行政区，包括首都曼谷1个直辖市，以及暖武里、巴吞他尼、大城、北标、北揽、佛统、夜功、那空那育、红统、信武里、素攀武里、乌泰他尼、猜那、华富里、龙仔厝、甘烹碧、北榄坡、帕、拍瑶、披集、清莱、夜丰颂、南邦、南奔、素可泰、清迈、程逸、彭世洛、碧差汶、难、呵叻、四色菊、加拉信、色军、孔敬、武里南、耶梭通、乌汶、乌隆、素林、那空帕农、猜也奔、莫达汉、廊开、黎、黎逸、玛哈沙拉堪、巴真、北柳、尖竹汶、春武里、罗勇、达叻、巴蜀、叻丕、北碧、佛丕、达、甲米、北大年、宋卡、沙敦、也拉、拉农、洛坤、春蓬、陶公、素叻、普吉、博达伦、董里、攀牙、沙缴、安纳乍能、廊莫那浦等共75个府。

人口和国花、国鸟

泰国人口约有6709万，国花为睡莲，国鸟是火背鹇。

2 交通

航空

泰国的民航业十分发达，国内各大中城市都建有机场，其中曼谷、苏梅岛、普吉岛、合艾、清迈、素可泰等地建有国际机场，位于曼谷的素万那普国际机场是东南亚主要航空中心之一，可以直飞亚、欧、美及大洋洲30多个城市，中国游客可在北京、上海、广州、昆明、成都、汕头等城市乘坐国际航班直飞泰国。泰国作为中国公民出境游的热门目的地之一，飞往泰国的机票淡旺季节价格相差较大。国际航班需另付700铢的离境税。

火车

泰国的铁路网以曼谷为中心向外辐射，共有四条主要线路，此外还有一条通过马来西亚前往新加坡的国际铁路。由曼谷到清迈的北方线全长约851公里，中途主要车站有大城、罗富里、彭世洛、南邦府等，乘特快列车全程约14.5小时；由曼谷至柬埔寨边境亚兰的东方线全长255公里，特快列车车程约5小时，中途在呵叻、乌汶等城市停靠；由曼谷至老挝境内诺凯的东北线全长约

624公里，中途主要在大城、呵叻、孔敬、廊开等城市停车，特快列车行程约11小时；由曼谷出发沿暹罗湾的马来半岛而行的南方线全长约990公里，沿途会在华欣与合艾停靠；国际线每天有特快和普快列车，乘客若前往新加坡需要在伯特和富转车。游客在泰国乘坐火车旅行时可以在曼谷华南蓬火车站提前预订，可买到泰国境内任何班次的火车票与英文版时刻表，非常方便。

长途客运

泰国的公路与铁路相同，以曼谷为中心向全国各地辐射，泰国长途客车的速度超过火车，其中VIP长途客车更是空间大、座位舒适，并有空调和卫生间以及免费餐饮，是在泰国长途旅行的绝佳选择。

船运

泰国拥有独具民族色彩的各种渡船，在曼谷等地游览观光的游客经常可以看到优雅而修长的长尾船穿梭于水面之上，在度假地还会遇到色彩鲜艳的木制小船把游客摆渡到附近的岛屿或陆地上，别有一番风情。此外，值得注意的是，泰国各地的渡船班次和时刻不十分固定，受天气和水流的制约性较大，乘坐渡船需事先问清楚是否开航及相关班次。

曼谷地铁

曼谷地铁从2004年开始运营，现今只有BTS和MRT两种系统共3条线路运营，其中由Bangkok Mass Transit System Public Company运营的BTS主要指行驶在高架上的露天轨道，被曼谷人称为天铁，有席隆线和苏坤蔚线两条线路；Bangkok Metro Public Company运营的MRT则是传统的地下铁道，只有一条线路MRT线。

曼谷的BTS和MRT线路之间车票不能通用，车站内的标志牌除了泰语站名外也有英文名称，同时车站还会用英文广播通知，唯一需要游人注意的是曼谷大部分BTS和MRT车站的出口不会标明编号。

此外，曼谷素万那普国际机场还建有一条通往市区的机场快线Airport Rail Link，机场快线分为普通线City Line和只需15分钟即可进入市区的直达快线Express Line。游人需要注意的是，虽然两条线路同属机场快线，但乘车口、站台和购票机都不相同。

曼谷BTS天铁实行分段计价制，按里程长短分为不同计价区间，其中Zone1的票价最低为15铢，Zone6的票价最高为40铢。游客如果需要频繁搭乘BTS，可在曼谷购买BTS推出的120铢面值的一日票，可在当日无限次乘车。

MRT线同样采取分段计价制，按里程长短分为不同计价区间，票价与BTS同为15铢至40铢不等。MRT的一日票售价为120铢，可在当日不限次数乘坐MRT线。

机场直达快线Express Line车票采取统一售价，不分站票与坐票，一律150铢；City Line同样不区分站票与坐票，票价依乘车距离为15~45铢。

曼谷的BTS和MRT车票不可通用，其中BTS天铁单程车票为卡片式，除单程票外还有可在当日不限次数使用的1日券，以及储值卡和BTS30天聪明卡。其中BTS储值卡首次购买需要130铢，内含30铢押金和30铢手续费，之后每次可充值100~2000铢。BTS30天聪明卡分为375铢、580铢、765铢和930铢四种不同面额，内含30铢手续费，分别可不限距离乘坐15次、25次、35次和45次BTS。

MRT线单程车票为圆形卡币，除单程票外还有1日、3日、15日和30日券和MRT储值卡，可在规定日期内不限次数乘坐MRT线。MRT储值卡首次购买需230铢，内含50铢押金和30铢手续费，之后每次可充值100~1000铢。

曼谷BTS和MRT线路之间不能直接换乘，两个系统之间的车站换乘的时候需要先出站，再进入另一条线路的车站购票，具体换乘车站为在MRT的Chatuchak Park站可与BTS的Mo Chit站换乘、MRT的Sukhumvit站可与BTS的Asok站换乘、MRT的Si Lom站可与BTS的Sala Daeng站换乘。

曼谷公交车

曼谷市内公共汽车线路密集，车票价格根据不同的车身颜色决定，其中红色与绿色的公共汽车票价为3.5~4铢；蓝白相间的公共汽车普通车票价5铢，空调车票价为8铢；橙色的公共汽车票价12铢；白色与粉红色的公共汽车票价25~30铢；红色小巴统一票价为25铢不找零，车内坐满后就不再揽客。

曼谷出租车

曼谷市内出租车起步价为35铢，2公里后5铢/公里。在曼谷市区打车价格通常为60 ~ 150铢，最高不超过500铢。从市区到机场上高架快速路要收过路费70铢和服务费50铢。游客可以拨打Taxi Radio的24小时“电话叫车”服务热线1681，需要另付20铢的叫车费。如果出租车司机拒绝打表，可以拨打泰国旅游服务中心电话1155投诉。

3 旅行常识

货币兑换

泰国的货币单位为铢，主要有5、10、20、50、100及500铢等六种面额的纸币和5、10、 25、50萨当及1、5铢六种铸币，1铢等于100萨当。目前，泰国各大城市和地区有很多商店和银行的POS机与ATM机都已经实现受理银联卡刷卡消费或支取现金服务。在这些银联特约商户消费或ATM取现时，中国银联将会直接将泰铢转换成人民币，不收取货币转换费。另外，虽然这些地方也同样支持信用卡，不过因为信用卡提取现金需要付息或手续费较高，建议在ATM机上取款的时候尽量使用借记卡。

在一些没有张贴“银联”标志的商店消费的时候，建议主动询问商店收银员是否支持银联卡，以免受损失。

通讯

目前，中国移动已开通了泰国的国际漫游业务，不过价格较高，拨叫泰国本地的价格是每分钟4.99元，拨回国内则要每分钟12.99元。如果有必要，也可以购买泰国的SIM手机卡，大多数便利店都有出售。比较常用的是HAPPY卡或TRUE LOVE卡。HAPPY卡的价格是49铢，泰国本地通话每分钟1铢，打往中国每分钟7铢。TRUE LOVE卡的价格高了些，要199铢，不过它打往中国和在泰国本地通话的价格是一样的，都是每分钟1铢。泰国是无漫游费的，只要是在泰国境内，在哪里打电话价格都是一样的。

禁忌

作为一个宗教国家，泰国的禁忌还是很多的。首先，在泰国不允许拍头，因为他们认为头部是人体最高的部分，最为神圣。而对应的，脚是身体最低的部分，无论把脚尖对着别人还是用脚触碰别人都被认为是不礼貌的。不要把脚放到桌子上或椅子上休息，也不要跨过别人的身体。

在泰国，所有的佛像，无论大小、完整或者残缺，都是非常神圣的，不可以对其做出不敬的举动，更不能攀爬佛像。进入佛殿必须脱鞋，衣着要整齐、端庄，穿有领子的衬衣，最好不要穿短裤，更不要裸露上身。另外，僧侣是被禁止与女性接触的，如果有要奉献的财物，可以请男性转交，或者直接放在桌子上。

住宿

泰国的酒店，无论星级多少，都是不准备盥洗用具的，游客必须自己携带牙刷、牙膏、拖鞋等卫生用品。酒店一般不供应开水，自来水不可以直接饮用。

泰国的电压和中国相同，都是220伏、50赫兹的交流电，使用的是双孔扁形插座和三孔扁插座。

泰国严禁赌博，就算是在酒店房间内也不可以玩牌或打麻将。

小费

在泰国消费是需要支付小费的，因为在这里支付小费不仅是一种礼仪，也是服务人员的主要收入。如果觉得服务质量优良，可以多付一些小费，不过一般来说都是20~100铢。需要注意的是，付小费的时候不要给硬币，因为在泰国硬币一般是给乞丐的。

常用电话

191：报警救助

199：火警

1691：急救中心

02-2457044：中国大使馆

泰国旅游服务中心电话：1155

作为旅游胜地的泰国，最常用的就是旅游服务中心热线电话。它的主要服务内容包括报警、急救、查号、投诉等，甚至还能够提供旅游信息，真正可以说是“记住一个号，游遍全泰国”。

SOUTHEAST ASIA GUIDE

Southeast Asia

畅游东南亚

23

泰国 · 曼谷

曼谷也称“军贴”，在当地语言中是“天使之城”的意思，如果将曼谷的全名转化为英文，有167个字母，是世界上名字最长的地名。曼谷是泰国的首都，也是泰国最大的城市，是整个国家政治、经济、贸易、交通、文化等的核心。

01 大皇宫

金碧辉煌的泰国王宫

TIPS

Phra Borom Maha Ratchawang, Phra Nakhon, Bangkok 10200 乘Chao Phraya Express渡轮至Tha-Chang站下 02-6941222 200铢 ★★★★★

大皇宫位于曼谷市中心，自建成以来一直是泰国王室居住的地方，也是东南亚地区最为雄伟壮观的宫殿建筑群。宫殿的外墙为白色，顶部则是红绿相间的琉璃瓦，与王宫内的葱茏林木和色彩缤纷的鲜花交相辉映，华美的景象令人赞叹不已。大皇宫内宫殿众多，其中最值得游览的当数杜西特·玛哈普拉沙德宫，这是泰国王室举行重大典礼仪式的地方，各种装饰极为奢华，用于接待外宾的查克里宫则是一座气势雄伟的殿堂。

02 王家田广场

逛

曼谷著名的城市广场

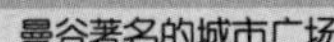

TIPS

乘Chao Phraya Express渡轮在Tha-Chang站下 ★★★★

王家田广场位于泰国大皇宫的前方，曾是泰国王室举行各种典礼的场所，现在则是曼谷著名的旅游景点。广场四周遍布着不同时代的建筑物，类型多样，可谓一个天然的建筑博物馆，游客可以欣赏国家博物馆、国家剧院、国家艺术馆和曼谷守护神寺等造型各异的建筑物景观。王家田广场四周林木茂密，游客可以在树下将王宫的壮丽美景和周围的高楼大厦拍摄下来作为纪念。

03 卧佛寺

赏

曼谷历史最为悠久的寺庙

历史悠久的卧佛寺是泰国占地面积最大的寺庙，也是一个著名的旅游景区。漫步在寺庙内可以看到众多造型优美的建筑物，那些气势宏伟的殿堂令人赞叹不已。大雄宝殿是游客们趋之若鹜的地方，那里有由154块大理石组成的巨型浮雕“拉玛坚”，讲述的是泰国版的《罗摩衍那》传奇。卧佛寺里的核心景点是那尊长达46米的巨大卧佛像，大佛的神态慈祥，装饰着精美的花纹和图案。漫步在寺庙内还能看到塔林、德莱佛堂等景点。

TIPS

248 Thanon Thai Wang, Phra Borom Maha Ratchawang, Phra Nakhon, Bangkok 10200, Thailand 乘Chao Phraya Express渡轮在Tha-Thien站下 02-2812831 35铢 ★★★★★

04 郑王庙

纪念泰国开国君王的寺庙

TIPS

Bangkok Yai, Bangkok 10600, Thailand 乘Chao Phraya Express渡轮至Tha-Tien站，换乘Wat Arun接驳船到郑王庙下 02-8911149 20铢 ★★★★★

郑王庙是泰国的名寺，这座位于湄南河西岸的寺庙有着雄伟壮观的气势，自建成后就是曼谷最具魅力的景点之一。漫步在广阔的寺院内可以看到许多气势雄伟的殿堂，其中以供奉泰王郑信的主塔庙堂最为壮观。那些富有中华情调的假山、池塘则给游人们带来一丝亲切感。郑王庙里的巴壤塔有着近80米的高度，被誉为“泰国的铁塔”，它那俊秀挺拔的身姿令人赞叹不已。塔身上下装饰着美丽的花纹和图案，以及精致的雕像。

05 泰国国家博物馆

赏

修建在河畔的博物馆

TIPS

Thanon Na Phra That, Phra Borom Maha Ratchawang, Phra Nakhon, Bangkok 10200 乘Chao Phraya Express渡轮在Tha-Chang站下 02-2812224 100铢 ★★★★★

泰国国家博物馆是一个很有地方特色的博物馆，是由过去泰国王室的船坞改建而成的。博物馆里收集了很多珍稀物品，既有石器时代的先民们使用过的生活物品，也有泰国王室用过的各种武器和用具。作为东南亚地区最大的博物馆，该馆收集了大量的古老艺术作品，其中包括著名的泰国雕刻和五彩瓷、象牙雕、珠母镶嵌等民间艺术品。展馆内最不容错过的展品是在王室船坞内陈列的一艘装饰得富丽堂皇的龙凤舟，它曾经是旧时泰王夫妇出行所使用的船。

06 秋千寺

赏

拥有巨大秋千的寺庙

146 Bamrung Muang Road Ratchabophit Sub-District, Phra Nakhon District, Bangkok 10200, Thailand 乘10、12、35、42路公交车在秋千寺下 02-2249845 ★★★★★

秋千寺在曼谷的众多寺庙中，算是相当知名的一座，它虽然没有悠久的历史，也没有气势雄伟的殿堂，更没有奢侈华丽的大型佛像，但却以独特的魅力在泰国众多的宗教景点中脱颖而出，吸引着来自世界各地游客们的目光。这里的核心景点是位于庙门处的一个巨型秋千，两边的支架足有22米高，令人惊叹不已。寺庙还有巨型壁画可供人参观，它的内容取材于佛教典籍，是一处不可错过的景点。

07 湄南河

流经曼谷的泰国第一大河

TIPS

流经曼谷市区 乘Chao Phraya Express渡轮即可 ★★★★★

湄南河（昭披耶河）是泰国最大的河流，也是曼谷的生命之河，奔流不息的河水将这座城市分为东西两半。这条古老的河流至今仍发挥着重要作用，大小不一的船舶在水面穿梭往来，而游客也可以乘坐游船沿河欣赏曼谷的繁华风景，或是前往沿途的各个景点一探究竟。此外，尤其值得一提的是湄南河的水上市场，这极富特色的商业区里永远是一派热闹景象，既是当地重要的水果、蔬菜交易市场，也是著名的手工艺品和旅游纪念品采购区。

08 玛哈塔寺

泰国最重要的王家寺庙之一

建于19世纪的玛哈塔寺是泰国王室用于埋葬死去的王室成员的地方，因此在泰国人民的心目中有着很高的地位，经常有人到那里去祈福祭拜。这里林木葱茏、环境清幽，漫步其间可以看到多位泰王的陵墓，也可通过一旁的碑文来了解他们拥有过的显赫历史。玛哈塔寺还经常举行一些重大的宗教仪式，届时会有很多信徒前来参加。此外，在玛哈塔寺内还拥有泰国历史最悠久的高等佛教教育机构——Mahachulalongkornrajavidyalaya 大学。

TIPS

3 Maharat Road Phraborommaharatchawang Sub-District 乘Chao Phraya Express渡轮在Tha Chang站下 02-2215999 ★★★★★

09 考山路

背包客们的天堂

TIPS

Khao San Road Bangkok 10700, Thailand 乘A2号公交车在Banglamphoo站下 ★★★★★

考山路在泰国赫赫有名，甚至有人将其和法国的香榭丽舍大街与美国的纽约第五大道相提并论。这里拥有很多廉价旅舍，同时还临近各个旅游景点，因此成为来自全球的背包客们的聚集地。这些背包客们能在考山路上买到他们所需的各种东西，多如牛毛的商店销售各种旅游必备的用品和纪念品，是每个初来曼谷的人都不能错过的地方。

10 民主纪念碑

纪念实行君主立宪的纪念碑

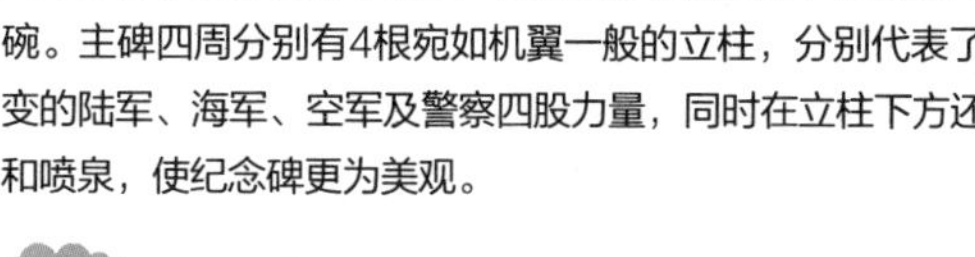

1932年6月24日，泰国发生了推翻君主独裁政治、改为立宪制的政变，为了纪念这次政变，新政府在曼谷市内修建了这座民主纪念碑。纪念碑的中心是一座炮台形状的主碑，顶部有两个黄金碗。主碑四周分别有4根宛如机翼一般的立柱，分别代表了发动政变的陆军、海军、空军及警察四股力量，同时在立柱下方还有浮雕和喷泉，使纪念碑更为美观。

TIPS

Thanon Ratchadamnoen Klang, Bowon Niwet, Phra Nakhon, Bangkok 10200 乘2、39、44、511、512路公交车在民主纪念碑下 ★★★★

11 帕拉苏门古碉堡

保存完好的古代碉堡

TIPS

Phra Athit Road, Bangkok 10200 乘30、53路公交车在帕拉苏门古碉堡下 ★★★★

帕拉苏门古碉堡是如今曼谷保存最为完好的古代碉堡，是在泰王拉玛一世时期修建的，历史已经相当久远了。这是一座典型的泰国传统建筑，在注重防御能力的同时不忘美观，各种精美的装饰让这里增添了不少历史的美感。在碉堡的炮台处还存放着几尊古代的火炮，黑洞洞的炮口正对着湄南河，不过现在的湄南河上早已没有了敌人的船只，有的只是那千帆竞渡的繁华景象。

12 金佛寺

泰国最有价值的佛寺

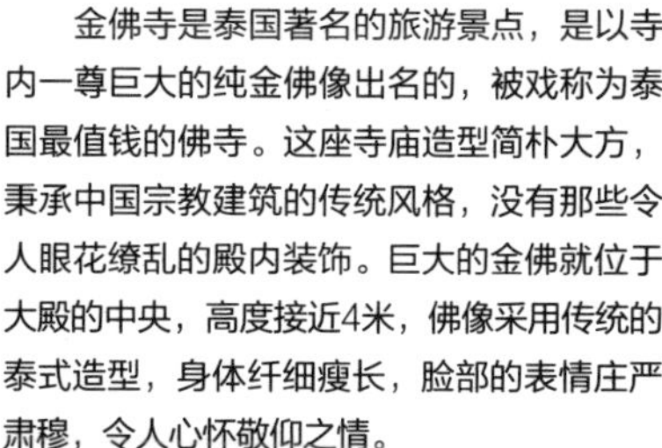

金佛寺是泰国著名的旅游景点，是以寺内一尊巨大的纯金佛像出名的，被戏称为泰国最值钱的佛寺。这座寺庙造型简朴大方，秉承中国宗教建筑的传统风格，没有那些令人眼花缭乱的殿内装饰。巨大的金佛就位于大殿的中央，高度接近4米，佛像采用传统的泰式造型，身体纤细瘦长，脸部的表情庄严肃穆，令人心怀敬仰之情。

TIPS

Talat Noi, Samphanthawong, Bangkok 10100 乘BTS至Saphan Taksin站下 02-6599000 ★★★★★

13 金山寺

历史悠久的寺庙

TIPS

Soi Borommabanphot, Ban Bat, Pom Prap Sattru Phai, Bangkok 10100 乘15、37、47、49路公交车到金山寺站下 02-6210576 10铢 ★★★★★

金山寺建于19世纪初，位于金山的顶部，其山麓到塔尖的高度为63米，一度是曼谷的制高点。游客在这里可以俯瞰曼谷的诸多美景，还能从另外一个角度欣赏摩天大楼的壮丽之处。金山寺内的核心景点是一座巨大的铜质坐佛，也是同类佛像中最大的一座。佛像的造型精美，表情庄严肃穆，常有信徒在此跪拜祈福。每年11月的水灯节是泰国最为盛大的民俗节日之一，届时会有无数信徒前来参拜佛祖舍利子。

14 大理石寺

赏

20世纪所建的泰国王室御用寺庙

TIPS

Thanon Si Ayutthaya, Dusit, Bangkok 10300 乘72、503路公交车在大理石寺下 02-2827413 20铢 ★★★★

建成于20世纪初的大理石寺是泰国王室寺庙中历史最短的一个，有着与众不同的风采。这座寺庙的造型一改泰式寺庙以各式尖塔为主体的传统风格，借鉴中国江南园林的建筑特色，那些优雅的亭台楼榭和小桥流水令人有耳目一新的感觉。大理石寺的独特之处还在于它的全部建筑材料都是意大利出产的大理石，色泽鲜艳，砌筑出来的殿堂典雅大方，与顶部的中式琉璃瓦相得益彰。寺庙殿堂内部装饰精美，不愧是华丽的王家寺庙。

15 阿比塞克都实觐见厅

泰国第一座博物馆

TIPS

Dusit District，Th U-Thong Nai 乘503、510路公交车可到 02-6286300 70铢 ★★★★★

阿比塞克都实觐见厅毗邻杜喜动物园，是一幢外观华美、红瓦白墙的欧式宫殿建筑，这座拥有无数华美艺术品装饰的宫殿最初是泰王拉玛五世修建招待外宾、举行国宴的场所。1992年，泰王拉玛九世下令将其辟为博物馆对公众开放，使广大百姓和游客也可近距离了解泰国王室当年逐渐西化的演变过程，亲身感受奢华的王室风范。

16 柚木宫 赏

由柚木建造的宫殿

柚木宫建造于著名的拉玛五世时代，这种全木建筑在当时是较为少见的，而且没有使用一根铁钉，在建筑业内很有名气。这座宫殿原本是拉玛五世行宫的一部分，后来被改造成为一个王室博物馆，供游人参观。柚木宫的造型精美，主体建筑是欧式风格的，里面收藏着许多珍贵的物品，其中包括历代泰王的图片资料，也有他们曾经用过的各种物品。游客们还能看到物品按原样摆放的拉玛五世的卧房。

TIPS

Rajavithi Road，Dusit Bangkok 乘503、510号公交车可到 02-6286300 100铢 ★★★★★

17 帕蓬夜市 逛

历史悠久的夜市

帕蓬夜市是泰国历史较为悠久的夜市之一，位于帕蓬路上，又分为一、二街。每到傍晚，这里就热闹起来，来自各方的小贩或是吆喝叫卖，或是埋头做菜，各忙各的事情。这里主要出售各种廉价小商品和旅游纪念品，还有不少经营泰国传统小吃的排档，游客能在这里体会到泰国最朴实的平民生活。善于讲价的话，您肯定会在这里淘到不少宝贝。

TIPS

帕蓬路 乘BTS在silom站下 ★★★★★

18 桑仑夜市 逛

曼谷最大的夜市

桑仑夜市是目前曼谷最大的夜市之一，这里有别于一般夜市给人们留下的脏乱差的印象，3000多家店铺排列得整整齐齐，环境十分干净，因此生意很好，从下午3点开始营业，一直要到凌晨才会收摊。这里出售的货品包罗万象，泰丝、棉织品、木雕、泰国娃娃、泰国古典面具等极具艺术价值的泰国工艺品应有尽有，而且价格也比大商场便宜好多，是外来游客淘宝和购买纪念品的最好去处。

TIPS

乘BTS在Lumphini站下 02-6554023 ★★★★

19 伦披尼拳场

泰国最著名的拳击赛场

Rama IV Road,Bangkok 乘地铁在伦披尼站下 02-2528765 ★★★★★

伦披尼拳场是泰国最著名的拳击赛场，位于伦披尼地铁站旁，交通十分便利，已经在这里矗立了50多年。这里每周都会举行泰拳比赛，观众席距离比赛擂台很近，能看清楚台上选手的一举一动。在这里可以看到从赛前仪式到比赛的全部过程，是了解泰国传统文化的一种途径。

20 龙船寺

仿造中国龙船建造的寺庙

TIPS

乘BTS在Saphan Taksin站下 ★★★★

龙船寺是位于曼谷的一座非常有特色的建筑，这座寺庙的造型非常奇特，像鱼又像船。据说这是泰王拉玛三世看到来自中国的巨大龙船后下令建造的，他希望这种“龙船”能给泰国带来安定和祥和，因此这里被称为“龙船寺”。如今在寺门口还矗立着拉玛三世的塑像，以示对他的纪念。这座寺庙时常会举行兰花展览，供人们免费参观。

21 丹能莎朵水上市场

泰国知名的水上市场

丹能莎朵水上市场是一处极具东南亚特色的水上市场，此处市集位于全长35米的河道之内，各个店家将船只改为店铺，在水中销售各种新鲜的水果、海鲜等，很是吸引人。大小不一的船舱内放满了五颜六色的果蔬，戴着斗笠的老板娘一边吆喝一边划船，浓浓的水乡风情扑面而来。这里除了各种果蔬外，还有不少经营泰国传统小吃的航船，人们可以站在河岸边吃上一碗现煮的米粉汤和炸香蕉，更有一番别样的感受。

TIPS

曼谷南公交车总站乘公交车在Damnoen Saduak站下 ★★★★★

22 札都甲周末市集 逛

世界上最大的市集

札都甲周末市集是世界上最大的市集之一，其面积有4个足球场那么大，其中容纳的商铺更是数不胜数。每到周末，这里汹涌的人潮让人实在难忘。想要在札都甲逛得愉快，事先做好充足的准备是必要的，不然随时都有可能迷失方向。这里出售的货物包括衣食住行各个方面，不过其中鱼龙混杂，购买的时候可要擦亮眼睛。

TIPS

Phahonyotin Road,Bangkok 乘地铁在Mo Chit站下
02-2724440-1 ★★★★

23 柯叨岛 赏

曼谷人的后花园

柯叨岛是一座位于湄南河中的小岛，因为过去盛产陶瓷制品，所以也被称作“陶瓷岛”。它地处曼谷较为偏僻的地方，交通不是很方便，所以外来游客很少，来这里的大部分都是本地居民，所以也有“曼谷人后花园”的美称。这座小岛上拥有美丽的自然风光和深厚的历史底蕴，是曼谷人周末度假的首选。岛上有不少出售当地特产陶瓷制品的商铺和小吃摊，能体验到泰国人最淳朴的生活。

TIPS

曼谷公交车总站乘32、506路公交车在柯叨港口换乘渡轮
02-6236001-3 ★★★★

24 曼谷野生动物园 玩

和野生动物亲密接触

TIPS

Panyaintra Road 99, Bangkok 10510 02-9144100
400铢 ★★★★★

曼谷野生动物园建于1998年，曾经是亚洲规模最大的野生动物园之一。在广阔的公园范围内，各种野生动物都自由地散养在这里。人们只能乘车进入，而且全程不允许走出车外。不过，即使待在车里，也能最大限度地和各种野生动物亲密接触，尤其是遇到一些猛兽时，那种刺激的感觉让人难以忘怀。此外，在这里还能欣赏到动物表演，看那些动物做出憨态可掬的动作，令人一下就将之前的紧张感抛到了九霄云外。

25 暹罗购物中心 买

泰国老牌购物商场

暹罗购物中心是泰国老牌百货商场之一，至今已经有30多年历史，可以说是泰国第一家具有国际水准的大型卖场。这家购物中心邻近地铁站，交通便利，4层的购物空间里设有大大小小300多家店铺。经过近年来的一系列翻新，这家老店重新焕发了生机，在购物之外还引入了甜品店、按摩店等新概念商铺，同时还有提供泰国饭菜和日本料理等多国美食的食肆。正是因为不断与时俱进，所以在典范购物中心等新兴卖场的冲击下，这里依然能保持稳定的客源。

TIPS

989 Siam Tower, Rama 1 Road，Pathumwan, Bangkok 乘BTS Silom席隆线在Siam站下 02-6581000 ★★★★★

26 暹罗典范购物中心 

东南亚最大的购物中心

暹罗典范购物中心号称东南亚地区最大的购物中心，这里共有250多家大小商店，出售包括衣食住行各个方面的货品，如果想要逛遍这里，恐怕需要好几天时间。作为曼谷全新的娱乐休闲地标，暹罗典范购物中心除了宽阔的卖场外，还有水族馆、电影院、SPA馆、大型展览中心等多种娱乐设施，将购物和娱乐休闲有机地结合在一起，被誉为东南亚时尚潮流的引领者。

991 Siam Paragon Shopping Center,Rama 1 Road，Pathumwan,Bangkok 乘BTS Silom席隆线在Siam站下 02-6108000 ★★★★

27 四面佛 

泰国香火最旺盛的佛像

TIPS

Ratchadamri Road / Ratchaprasong Road, Bangkok 乘BTS1在Chit Lom站下 02-2528754 ★★★★★

四面佛是曼谷市中心一大著名的观光景点。这座神像位于伊拉旺神祠之中，像高4米，在东南西北四个方向各有一张面孔，代表着人类喜怒哀乐四种表情。这座神像曾在2006年被毁坏，后来经过修复，重新施以金身，以崭新的形态和人们见面。这里香火极为旺盛，佛像四周放满了香烛与鲜花。人们来到这里祭拜是需要一定仪式的，要购买一套专门的祭品。而每到11月9日四面佛生日这一天，更是有来自世界各地的名人前来祭拜，还能见到身着传统服装的少女们翩翩起舞。

28 金·汤普森泰丝博物馆 赏

展示精美的泰丝工艺

6 soi Kasemsan 2, Rama 1 Road Bangkok 乘BTS在National Stadium站下 02-2167368 100铢 ★★★★

泰丝是如今泰国民间手工业的支柱产业之一，精美的泰丝远销世界各地，口碑极佳。以前泰丝并不为人所知，直到一位美国人金·汤普森来到这里以后才有所改观。人们为了纪念这位振兴泰丝行业的美国人，将他的居所改建成为泰丝博物馆。博物馆里基本保持了金·汤普森居住时的原貌，展出了不少他专门收藏的泰丝工艺品，足见他对这项民间工艺的喜爱。此外，这里还陈列着包括瓷器、家居饰品等在内的其他工艺品，大多十分精美别致，很富艺术价值。

29 苏坤蔚路 逛

曼谷流行趋势的先锋

苏坤蔚路也称泰国三号公路，由曼谷向东南方向延伸，是泰国重要的交通干道之一。而位于曼谷市内的苏坤蔚路段则是时尚和潮流的代名词，大道两侧分布着无数酒店、咖啡馆、商店等。其中很多商店都是欧式装潢，能让人感受到一种西方风情。大街之外还分出不少小巷子，几乎每条小巷里都有各自独特的氛围，好像一个个宝库一样等待客人们发掘。

TIPS

Sukhumvit Road 乘BTS在Thong Lo站下 ★★★★★

SOUTHEAST ASIA GUIDE

Southeast Asia

畅游东南亚

24

泰国·大城

大城位于曼谷北部，原名阿育他亚，是一处历史悠久的古都。古老的大城拥有大量佛寺和佛塔，置身其中，沧桑厚重的历史感扑面而来。

01 帕司山碧佛寺 

曾经的王家寺院

帕司山碧佛寺素有“吴哥窟第二”的美誉，这里曾经是泰国历史上大城王国的皇家寺庙，一度非常辉煌。随着外敌的入侵，这里也随之被废弃。如今那些记载在史籍中的壮观景象早已灰飞烟灭，只有三座标志性的高塔还保留着，里面安放着当时国王的骨灰。高塔四周则是残垣断壁、枝藤缠绕，一股历史凝重感油然而生。

TIPS

Ayutthaya, Phra Nakhon Si Ayutthaya ★★★★★

02 拉嘉布拉那寺 赏

用红砖建成的古代寺庙

拉嘉布拉那寺是大城王朝时期的寺院，这里的建筑很单一，全都用红砖建成，但是建造他们的工匠运用高超的技术，通过红砖的不同搭配营造出了千变万化的造型。寺庙正中是这里引以为豪的大宝塔，这座塔建于1424年，据说里面埋葬了大城王朝的一位国王和王子，塔中还藏有不少奇珍异宝，很具考古价值。如今塔身有些残破，游人依然能从中感受到历史的沧桑。

TIPS

Chikun, Tha Wasukri, Phra Nakhon Si Ayutthaya, 13000 ☎35-245210 ★★★★

03 帕玛哈泰寺

大城最早的高棉式佛塔

Chikun, Tha Wasukri, Phra Nakhon Si Ayutthaya, 13000 从曼谷乘船至大城下 ★★★★★

毗邻帕司山碧佛寺的帕玛哈泰寺建于14世纪，是大城最早建成的高棉式佛塔之一。历史悠久的帕玛哈泰寺主塔有40余米高，塔身遍布精致的雕刻，现今只剩塔基部分呈现在游人面前。此外，帕玛哈泰寺最值得一看的还有寺内随处可见、枝繁叶茂的榕树，而寺内最著名的榕树包佛头景点更是将古寺与榕树完美地融合在一起，吸引了众多游人光顾。

04 大城国家博物馆

大城王朝时期的丰富文物

大城国家博物馆是泰国第二大博物馆，位于大城王朝时期的国都大城岛之上。这里主要保护和收藏大城王朝时遗留下来的文物，因为这些文物饱受战火之苦，能完好保存下来的非常少，其中包括帕玛哈泰寺和拉嘉布拉那寺等地发掘出的王室宝藏等。博物馆里陈列着各种镶金佛像、宝石、金银饰品等，既是重要的历史文物，也是精美的工艺品。

Pratuchai, Phra Nakhon Si Ayutthaya, 13000 35-241587 ★★★★★

05 亚柴蒙考寺

赏

纪念战争胜利而建的寺庙

亚柴蒙考寺也是大城王朝时期的寺庙，亚柴蒙考的意思是“大胜利”，这是为了纪念在一次和缅甸的战争中，大城的军队杀死了对方一位王子，取得辉煌胜利而建的。由于建于14世纪，寺庙的轮廓只能通过地上的遗迹来辨认了。寺中最著名的当数保存到现在的卧佛像，这尊卧佛长28米，静静地躺在残垣断壁之间，眉宇间依然平静如水，让人感受到佛的庄严和肃穆。在大卧佛四周还有无数小佛像环绕，十分壮观。

Phai Ling, Phra Nakhon Si Ayutthaya, 13000 ☎35-242640

★★★★

06 蒙坤巫碧寺

泰国最大的青铜佛像

位于大城郊外的蒙坤巫碧寺是当地最古老的寺庙之一，距今有700多年的历史。寺庙正中有一座巨大的青铜佛像，高十几米，是泰国现存最大的佛像。而在这座大佛的体内还有数百尊小佛像，造型各异、制作精美，因此这座大佛也被各方信徒所崇敬。随着寺庙的香火逐渐旺盛，这里的旅游业也发达起来，出售各种小纪念品的商贩遍布寺外，很是热闹。

TIPS

Pratuchai, Phra Nakhon Si Ayutthaya, 13000 ★★★★★

07 三宝公寺

纪念郑和而建的寺庙

三宝公寺位于湄南河西岸、大城岛东南端，三宝公指的就是中国著名的大航海家郑和。郑和下西洋时，曾经来到当时暹罗国的首都大城访问，见到了很多当地的华人，后来华人为了纪念他，就修建了这座三宝公寺。如今这里是泰国华裔最主要的宗教场所，经常会有各地华人前来参拜，一年四季香火旺盛。

TIPS

Ho Rattanachai, Phra Nakhon Si Ayutthaya, 13000

★★★★★

08 洛布里

猴子的乐园

洛布里位于曼谷以北，是泰国著名的古都之一，后来大城王朝将其作为陪都。这里有很多历史遗迹，最早的甚至可以追溯到石器时代，说不定随便逛到一个街口就有超过百年历史的古老遗迹。而洛布里另一大特色就是猴子很多，除了在各处能看到的猴子雕像外，洛布里的大街小巷到处簇拥着一群群的猴子，它们完全不惧怕生人，在给人们带来乐趣的同时也多多少少给人们带来了烦恼。

曼谷巴士总站乘公交车在洛布里下 ★★★★

SOUTHEAST ASIA GUIDE

Southeast Asia

畅游东南亚

25

泰国·芭堤雅

位于曼谷湾的芭堤雅（帕塔亚）是泰国最负盛名的度假胜地之一，碧海蓝天和洁白的沙滩吸引了无数游人光顾，素有“东方夏威夷”的美誉。

01 七珍佛山

造型优美的巨大佛像

七珍佛山是为了纪念泰国国王普密蓬·阿杜德登基50周年而建的，是一座采用了现代科技手段制作的佛像，与传统的佛教塑像大不相同。建筑者首先将这座小山一分为二，然后在剖面上用激光描绘出佛像的轮廓后，用金箔和金线镶嵌其上，给人以雍容华贵的感觉。这座佛像造型精美，面部表情平静和蔼，它的心脏部位则镶嵌了一块珍贵的舍利子。七珍佛山价值连城，用了18吨的24K金线，能让佛像在阳光的照射下散发出耀眼的光芒。

TIPS

Na Chom Thian, Sattahip, Chon Buri, 20250 ★★★★★

02 真理寺

赏

气势雄伟的佛教寺庙

Na Kluea 12, Na Kluea, Bang Lamung, Chon Buri, 20150
038-367229 ★★★★

真理寺是泰国的名刹之一，其多座殿堂都是全木建筑，气势十分雄伟，又有古朴典雅的韵味。这座寺庙的主殿一直处于修筑之中，游客可以一边欣赏殿内的精美雕饰，一边参观拥有古老传承的木匠们建造房屋的过程。真理寺内的古塔众多，参差不齐，建筑风格也略有差别，特别适合拍照留念。这座寺庙内的壁画雕刻十分精美，有趣的是它们都是取材于小乘佛教佛经中的典故，这在中国是比较少见的。

03 东芭热带植物园 

充满热带风情的旅游景区

Pattaya, 20150 038-429321 ★★★★

东芭热带植物园是泰国最著名的植物园区之一，拥有清秀的自然景观和丰富多彩的植物资源，是一个能令人感到不虚此行的旅游景区。漫步在园区内的狭窄小道上，您可以看到奇异的热带植物景观，尤其是那些古老的裸子植物和形态各异的藤蔓更令人大开眼界。东芭热带植物园里拥有多个展区，其中包括充满欧罗巴风情的法国花园和欧洲花园，也有充满奇异色彩的巨石阵花园与蚂蚁塔，而仙人掌花园和花谷则是各具特色的景点。

04 迷你暹罗园 赏

微缩了的泰国名景

迷你暹罗园是一个近年来十分流行的微型景观，来到这里的游客可以足不出户就把泰国诸多名胜古迹的风貌尽收眼底。在这里能看到繁华的都市风情，那一栋栋钢筋铁骨的建筑是现代文明的象征；而古朴典雅的大皇宫和阿育他亚王宫则是泰国悠久历史的见证，因同名电影而闻名于世的桂河大桥在景区内也能看到。迷你暹罗园除了微缩泰国的诸多景点外，还汇聚了其他国家的名胜，其中包括巴黎的埃菲尔铁塔、美国的自由女神像等景观。

Sukhumvit, Na Kluea, Bang Lamung, Chon Buri, 20150

038-727333 ★★★★★

05 芭堤雅文化主题乐园

充满泰国传统风情的主题公园

TIPS

Sukhumvit K.M.155, Na-Jomtien, Pattaya, 20250
038-256007 ★★★★★

芭堤雅文化主题乐园是泰国最著名的主题公园之一，是以传统的暹罗风情作为主要特色的旅游景区。游客可以参加当地流传已久的民俗文化活动，高大威猛的勇士手持仪仗正步而行，是古代泰国王室多彩多姿的水灯节巡行的一部分，而令人血脉贲张的象战场面则是最受游客欢迎的表演。芭堤雅文化主题乐园也有表演现代艺术的场所，各种精彩的表演令人目不暇接，而文化讲坛和钟塔则是各有特色的景点。

06 沙美岛

赏

风景秀丽的小岛

TIPS

从芭堤雅乘游船即达 ★★★★

沙美岛是泰国新兴的海滨旅游区，那里风景宜人，保持着淳朴的天然气息。漫步在宁静的沙滩上可以看到海天一色的壮观场面，波澜起伏的水面上偶尔会有船只出现，是在海中游泳的好地方。这里也有水上摩托、快艇等娱乐项目，有兴趣的游客还能乘坐渔船进行环岛游，感受独特的渔民生活。来到沙美岛还可以前往岛上的餐厅品尝各种风味美食，尤其是那一道道经典的泰国佳肴更令人垂涎三尺。

07 蒂芬妮“人妖秀” 娱

泰国最具代表性的娱乐表演

464 Moo 9, Pattaya 2 Rd., Pattaya, Chonburi, Bangkok, 20260 038-421700 500铢 ★★★★★

蒂芬妮“人妖秀”是泰国最著名的“人妖艺术”表演，这里的剧场设施先进，拥有良好的声光效果。这里的“人妖秀”拥有丰富多彩的表演项目，以华语节目为主，深受中国游客以及海外华侨的欢迎。蒂芬妮剧场的演员能够唱出原汁原味的中文歌曲，他们穿着各种中式服装也给台下观众带来了亲切感。随着时代的变化，游人在这里还能欣赏到日韩风格的精彩节目和风靡全球的街舞表演。

08 乔木提恩海滩 玩

充满悠闲氛围的海滩

芭堤雅市区以南3公里 ★★★★★

乔木提恩海滩的名气不是很大，但它那悠闲舒适的氛围却是别处难以媲美的，因此这是一个静静享受海岸风情的绝佳地点。漫步在柔软的沙滩上，可以看到此起彼伏的海浪拍打陆地时激起的水花，苍翠的棕榈树叶在清风的吹拂下微微摇摆。游客在此可以尽情放松身心，沉浸在大自然的平和氛围之中，把平日里累积起来的种种烦恼抛之脑后。乔木提恩海滩的海水清澈，是游泳和进行各种水上娱乐项目的好地方。

畅游东南亚 泰国·芭堤雅

09 龙虎园 玩

凶猛野兽的家园

龙虎园是泰国最具特色的主题公园之一，是以老虎和鳄鱼并存作为卖点的旅游景区。这里的野生动物很多，有趣的是它们呈现出和平的景象，其中就有大猪和小老虎、小猪和大老虎被关在一起相安无事的奇怪场面。龙虎园里拥有很多精彩的表演项目，比较著名的有老虎钻火圈等，精彩万分的人鳄大战也是这里的经典节目之一。来到这里的游客能与这些威猛的动物合影留念，并参观介绍鳄鱼习性的展览馆。

341 Moo 3, Nongkham, Sriracha, Pattaya, 20110 038-339111 ★★★★★

SOUTHEAST ASIA GUIDE

泰国·苏梅岛

位于泰国湾的苏梅岛是泰国第三大岛，20余年前这里还是一个无人知晓的渔村，现今依旧保持着质朴的本色，其乡村风情和成片的椰林宛若世外桃源，吸引着无数游人前来寻幽探秘，享受宁静的假期。

01 查武恩海滩

热闹喧嚣的海滨浴场

TIPS

苏梅岛东海岸 苏梅机场乘小巴在查武恩海滩站下 ★★★★

查武恩海滩是苏梅岛上最著名的景区，是一个广受赞誉的度假胜地。这是当地最为热闹繁华的海滩，各种设施应有尽有，能让来客满意而归。游人来到查武恩海滩可以在蔚蓝色的海水里畅游一番，也能操纵着舢板与海浪一决高下；乘坐飞速前进的摩托艇可以享受到风驰电掣的感觉；而潜入水中，探访那充满神秘色彩的水下世界也是很有诱惑力的娱乐活动。海滩上设施众多，餐厅、咖啡馆应有尽有，各种美味佳肴令人垂涎三尺。

02 拉迈海滩

充满浪漫氛围的海滩

拉迈海滩是苏梅岛上最适合情侣约会度假的海滩，这里环境幽静，充满着浪漫甜蜜的氛围。这片海滩开发得较晚，人类活动的痕迹不多，许多景物都保持着原始的风貌，漫步在沙滩上，倾听海浪的声音，真是别有一番情趣。拉迈海滩附近的餐厅和旅馆大多是附近居民开设的，虽然没有豪华的装饰，但也有淳朴天然的气息。游人们能够品尝到正宗的苏梅岛风味美食，其中以海鲜饭最受欢迎。

苏梅岛东海岸 ★★★★★

03 大佛海滩 玩

距离机场最近的海滩

机场乘小巴即可到达 ★★★★

大佛海滩是苏梅岛上距离机场最近的海滩，这里有车通往岛上各景点，游客也可以乘坐船只前往潜水胜地涛岛，所以大佛海滩被认为是小岛的交通中心。漫步在海滩上可以看到金碧辉煌的帕雅寺，里面殿堂众多，古朴典雅的泰式风格建筑令人赞叹不已，寺内还有一座高达12米的佛像，造型优雅，是苏梅岛的海上地标，常有人到此参拜，祈求神佛的保佑。游人们来到大佛海滩，可以在沙滩上享受日光浴和参加沙滩排球、足球等娱乐活动。

04 波菩海滩 玩

感受古老渔村风情的海滩

波菩海滩在苏梅岛上的诸多海滩中并不算大，但它的知名度却不小，因为这里完好地保存了旧时渔村风情，岛上最古老的定居点也在这里。漫步在沙滩上可以感受到寂静清幽的氛围，是游人休闲放松的绝佳地点，站在岸边向远方遥望，那海天一色的壮观景象令人惊叹不已。附近的湄南村是一个古老的村庄，这里至今保存着许多传统建筑，村民沿袭了传统的生活方式，游客们在这里还能品尝到正宗的渔家美食。

TIPS

Bo Phut, Ko Samui, Surat Thani 84140, Thailand

★★★★★

05 帕雅寺 赏

苏梅岛上最著名的景点

帕雅寺位于苏梅岛北部的大佛海滩边，是岛上最具欣赏价值的建筑景点之一，也是小岛的海上地标。高大的佛像通体金黄，在阳光的照射下放射出耀眼的光芒，即使在很远的地方也能看到。漫步在佛寺内可以看到精美的雕像，它们大多出自佛教典籍之中，有的是佛教里的神灵，有的则再现了神话故事中的著名场景。附近的集市上出售各种纪念品，同时还有当地的风味佳肴可供游客品尝。

TIPS

Bo Phut, Ko Samui, Surat Thani 84140, Thailand

★★★★★

06 涛岛 玩

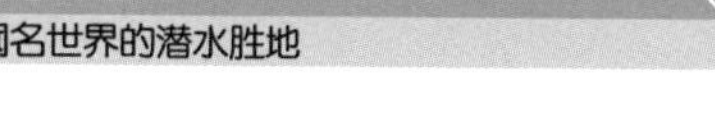

闻名世界的潜水胜地

TIPS

从苏梅岛Nathon Ferry Pier码头、Mae Man Ferry Pier码头、Bo Phut Ferry Pier码头乘船即可到达 ★★★★★

涛岛是一座很小的珊瑚岛，形状酷似乌龟，所以又有着龟岛的别称。这座小岛保存了完整的珊瑚礁及其所属的生态系统，是旅游者潜入水中，探寻这神秘世界的好地方。珊瑚礁石中生长着各种海洋植物，成群结队的鱼儿在其间游荡，那些色彩斑斓的热带海鱼给潜水者留下深刻的印象。海龟在水中的游动迅捷无比，令人很难想象到它们在沙滩上笨拙的样子。

07 纳挽和欣拉瀑布 

气势雄伟的海岛瀑布

苏梅岛上景色秀美，风景宜人，但也不乏气势雄伟的自然景点，纳挽瀑布和欣拉瀑布就是其中的佼佼者。欣拉瀑布的高度虽然只有20余米，但是气势极为惊人，奔腾而下的水流冲击水塘时发出的巨响在数里之外仍清晰可闻。有兴趣的游客还可以在水潭的平静处畅游，这种体验是别处难以提供的。足有40多米高的纳挽瀑布是岛上最为雄伟的瀑布，但苏梅岛上也不乏秀丽的景观，附近的山崖林木葱茏，如身处空山幽谷之中。

TIPS

从那通镇乘Tuk Tuk车即可到达 ★★★★★

08 安通国家海洋公园 

以天然景观为主的海洋公园

安通国家海洋公园是泰国著名的海景公园，包括40多个大小不同的岛屿，因为人迹罕至，这里的天然景观和野生动植物保存得极为完好。公园里有成片的红树林沼泽地，它们与大海相连，游人们乘船前行的时候可以清楚地看到海水颜色的变化，湛蓝色的咸水湖和充满神秘色彩的石灰溶洞是这里的两大名景。珊瑚礁石是这里的又一大景观，成群结队的海鱼在海中畅游。漫步在小岛上可以看到许多野生动植物，其中包括珍稀生物长臂猿和水獭。

TIPS

Koh Samui, Koh Ang Thong, Surat Thani　从苏梅岛Nathon Ferry Pier码头、Mae Man Ferry Pier码头、Bo Phut Ferry Pier码头乘船即可到达 077-286025 1500铢 ★★★★★

SOUTHEAST ASIA GUIDE

Southeast Asia

畅游东南亚

27

泰国·普吉岛

地处泰国南部安达曼海上的普吉岛是泰国最负盛名的旅游度假胜地之一，普吉岛上拥有各式各样的海滩，夜幕降临后依旧灯火辉煌，游客可享受到丰富多彩的沙滩夜生活。此外，普吉岛上还有各式钟乳石洞，洞内景观千奇百怪，被誉为泰国的珍珠。

01 攀牙湾

泰国的桂林

攀牙湾位于普吉岛东北方，曾经是著名电影《007》中一集的外景地，因为这里风光秀丽，尤其是山水十分壮观，常被人拿来和中国的桂林相提并论。这里遍布着很多岛屿，上面的奇山怪石变化多端，其中最著名的当数“大白菜石”，这块石头突兀地竖立在水中，整体为白色，顶上生长着很多绿色植物，远远望去真的好像一棵大白菜。像这样奇形怪状的石头这里还有很多，而且各有不同的造型，让人看了眼花缭乱。除了奇山怪石外，这里大片的红树林也十分罕见，乘坐小船穿行在树林之间，别有一番滋味。

TIPS

普吉镇乘公交车在攀牙府换乘快艇

★★★★★

02 幻多奇乐园

东方迪士尼

TIPS

1 99 M3 Kamala Beach Kathu, Phuket, 83150 076-385000 ★★★★★

幻多奇乐园开业于1998年，此后一下子就成为普吉岛上最具人气的景点。这里占地面积广阔，拥有小吃摊、购物街、餐厅、大剧院等现代化设施。尤其是这里的幻多奇剧场，每到晚上都会举行精彩的歌舞、魔术、杂技等表演，在奇幻的灯光等效果的映衬下，表演将人们带入一个魔幻的世界。特别是最后几十头大象一起登台演出，更是将表演推向了高潮。从剧院出来，迎接人们的还有飘着诱人香味的各种传统小吃，不光有泰国本土的，还有来自世界各地的特色小吃。所以这里也被泰国人当做他们自己的迪士尼乐园。

03 芭东海滩 玩

普吉岛上最著名的海滩

芭东海滩是普吉岛上最著名的海滩，以开发完善、旅游业发达闻名。这里除了最常见的海滩娱乐活动外，还有酒吧、餐吧、剧场和泰拳馆等设施，能让每一个人玩得尽兴。白天，游人们可以在阳光之下尽情玩耍，在这里潜水、游泳、晒太阳浴和玩香蕉船、帆板、游艇；而到了晚上，附近的邦古拉街上更是灯红酒绿，在那里能体验到最丰富的夜生活，吃喝玩乐，样样俱全。不过这里物价比较高，想要购物的人需要三思而行。

TIPS

普吉岛西边 乘Tuk Tuk车可到 ★★★★★

04 芭东夜市 逛

芭东海滩夜生活的重要一环

芭东夜市是芭东海滩夜生活的重要一环，每到晚上，各种小摊就会搭起来，明亮的灯光将这里照得好似白昼一般。夜市里的东西也是丰富多彩，各种经典小吃自不必说，只要从那长长的队伍和弥漫的香味就能知道这里有多受欢迎。而各种销售泰国特产的摊位也是人气旺盛，价钱也要比芭东海滩上那些店家便宜好多，各种精美的泰丝、银饰、木雕等工艺品是这里销量最好的，经常让那些来芭东海滩游玩的外国游客满载而归。

TIPS

Patak Road, Karon Beach, Phuket,83100 ★★★★★

05 芭东佛寺 赏

拥有神奇传说的佛像

TIPS

普吉镇乘公交车在塔兰下 ★★★★

芭东佛寺是普吉岛上历史最悠久的寺院，传统的泰式风格和金黄色的外观让这里显得庄严肃穆。佛寺里供奉着据说是普吉岛上最灵验的佛像，而这座佛像居然有一半身体埋藏在地下，十分神奇。据说，古时候缅甸入侵普吉岛时，曾想盗走这座佛像，但是佛像却被一群黄蜂牢牢地保护住，使得敌人未能得手，这个脍炙人口的故事也为这座佛像增添了不少神秘色彩，因此引来不少忠实信徒的膜拜，使得芭东佛寺香火旺盛，游人如织。

06 卡隆海滩 玩

宁静自然的海滩

TIPS

普吉岛西边 乘Tuk Tuk车可到 ★★★★★

卡隆海滩是普吉岛上仅次于芭东海滩的第二大海滩，这里并不像芭东海滩那么喧闹，显得宁静而自然。卡隆海滩几乎没有什么弧线，笔直地延伸到3公里开外，海滩上有一片茂密的松木林，林子前有很宽阔的区域，适合人们休息。由于这里水情复杂，风浪较大，并不适合游泳，所以人们更愿意在沙滩上待着。这一带有很多不错的度假酒店、餐馆、酒吧等设施，甚至还有画廊等，足以让人们享受各种休闲活动，商业气息也很浓厚。

07 卡塔海滩

欣赏日落的最佳地点

TIPS

普吉岛西方 乘Tuk Tuk车可到 ★★★★★

卡塔海滩比起芭东和卡隆海滩要小不少，但是这里有两处呈“W”形排列的小海湾，人们称做大卡塔和小卡塔。卡塔海滩素以风平浪静、海水清澈见底而闻名，非常适合潜水与游泳，很吸引那些喜欢安静的游客。在这里并没有太多大型的旅游酒店，只有一些出售小吃和日常用品的小摊，所以环境显得很干净。每天黄昏是这里最热闹的时候，卡塔海滩是普吉岛三处欣赏日落的最佳地点之一。到了晚上，位于海滩南端的酒吧街开始营业，还能看到乐队的露天表演。

08 拉崴海滩

野营烧烤的胜地

乘快艇可到 ★★★★★

拉崴海滩位于普吉岛最南端，由于这里水浅且珊瑚礁较多，所以很少有人在这里游泳，显得相对安静。不过这里却是普吉岛上最受人欢迎的野营胜地，可以看到很多人在海滩旁的树林中烧烤，各种烤肉的香味刺激着人们的神经。泰国人通常喜欢邀上三五好友，带上食材来到这里，再买上一些当地小贩出售的炭烤海鲜、青木瓜沙拉等，就能惬意地过上一天。此外，这里还提供长尾船出租，可以乘船饱览大海风光。

09 梣帕吊国家公园

玩

浓郁热带风情的国家公园

Thep Krasattri, Thalang, Phuket, 83110 200铢 ★★★★★

梣帕吊国家公园是普吉岛上最重要的公园之一，保留着岛上最后一片原始热带森林，生长着很多人们平时见不到的热带植物。尤其是一种独有的棕榈树，这种棕榈树叫做“Palm Lang Khao”，它的特点是叶子背面是白色的，至今没有在其他地方发现过。此外，这里的Bang Pae瀑布和普吉岛长臂猿饲养中心也十分出名，瀑布周围风景宜人，时常有飞禽走兽出没，很具自然野趣。长臂猿也是这里的特色物种，人们还能去饲养中心花上1800铢领养一只。

10 西瑞岛

拥有丰富古迹的岛屿

TIPS

查龙港乘快艇可到 ★★★★★

西瑞岛是普吉岛周围面积较大的岛屿之一，大片的红树林与沙洲将它和普吉岛分隔开来。岛上有很多古迹建筑，其中最显眼的当数一座倾斜的佛塔，从上面可以俯瞰整个岛屿及不远处普吉岛的美丽景色。而岛上另一大特色就是拥有一片普吉最大的“海上吉卜赛人”村落，在这里可以感受到最本质的泰国民俗风情。此外，岛上的普吉水族馆也是非常值得一看的景点，里面可以观赏到各种具有当地特色的水生动物，很多漂亮的鱼类十分夺人眼球。

11 查龙寺

泰国唯一可以放鞭炮的寺院

Luang Pho Chaem, Chalong, Mueang Phuket, Phuket, 83130 ★★★★

查龙寺位于普吉岛中南部的查龙湾，是普吉岛上最大的佛教寺院。寺院里一座供奉了108尊金佛的佛堂是这里最豪华的建筑。除了神佛外，寺里还摆放着两位高僧的塑像，其中一位叫做銮朴成的高僧曾经是这座寺庙的住持，他除了佛法高深外，还擅长医术，尤其接骨手法更是一流，因此被王室授予“特别圣职”的称号。除此之外，因为普吉岛上华人众多，所以查龙寺也是泰国唯一一座允许放鞭炮的寺院，逢年过节时这里响亮的鞭炮声也成为一大特色。

12 皇帝岛

仅次于普吉岛的游览胜地

查龙港乘快艇可到 ★★★★★

皇帝岛距离普吉岛20公里，是除了普吉岛外，最受人们青睐的旅游胜地之一，和人声鼎沸的普吉岛相比，皇帝岛有着清静的环境和优美的自然风光，正是这得天独厚的优势，使它更受那些喜欢和大自然接触的人们的喜爱。岛上拥有一座大型度假村，在度假村开发的过程中很注重对环境的保护，仅砍掉了一棵树，而且这里的服务相对于普吉岛的大众化显得高档豪华，颇受那些欧洲富人的青睐，所以皇帝岛的称呼也更加名副其实了。

13 珊瑚岛

到处都是珊瑚礁的小岛

TIPS

查龙港乘快艇可到 ★★★★★

珊瑚岛位于普吉岛南部，从普吉岛乘船出发仅需15分钟就能到达这里。正如小岛的名字，岛周围被色彩缤纷的珊瑚礁包围，自然风光瑰丽神奇，是普吉岛周围小岛中最受人们喜爱的一座。岛上随处都能见到戴着面具的潜泳爱好者和在水里自在穿梭的水上降落伞爱好者。海滩上一字排开很多沙滩椅，人们在这里享受着和煦的阳光。这里的潜水服务很完备，从入门级的潜水教程到专业级的潜水运动应有尽有，适合每一个游客。潜入湛蓝的海水中，和鱼儿嬉戏，在珊瑚丛中游泳，让人乐不思蜀。

14 大皮皮岛

旅游业极发达的岛屿

TIPS

普吉镇或甲米乘船在皮皮岛下 ★★★★★

皮皮岛是位于普吉岛附近的一处岛屿，由大小两座岛组成，其中北边较大的一座被称为大皮皮岛。这座岛的样子就好像一个哑铃，两头是浓密的森林，中间则被两个月牙湾包围，留下一处极窄的部分。岛上旅游业极为发达，到处都能看到旅馆、商店、酒吧等娱乐场所。在大皮皮岛上，滑水、潜水、潜泳、乘独木舟等海上活动自然是必不可少的，这里海水清澈，可以直接用肉眼看到水下的情况，各种鱼儿在珊瑚之间游来游去，运气好的话还能在海滩上捡到漂亮的珊瑚。

15 小皮皮岛

地势险要的岛屿

TIPS

普吉镇或甲米乘船在皮皮岛下 ★★★★

小皮皮岛位于皮皮岛两座岛屿的南侧，这里悬崖峭壁较多，地势险要，以前很少有游人光顾，因此这里最大限度地保护了自然风貌。岛上有不少溶洞，里面怪石嶙峋，还有很多古老文明在这里留下的壁画等印记。这里曾经是海盗们栖息的场所，也留下了很多传奇故事。自从好莱坞影片《海滩》在全球热映，这里也随之成为热门的旅游景点，不过当地政府为了继续保护这里的环境，只开放了少部分地区观光，也足够让人们了解岛上的绚丽风光了。

GO！缅甸！

1 概况

印象

缅甸是一个历史悠久的文明古国，它的历史最早可以追溯到公元1000年前后，缅族人建起了蒲甘城，并以这里为中心奠定了如今缅甸的基础。同时，缅甸深受佛教的影响，全国80%以上的人口都是佛教教徒。在缅甸的城市里随处都能见到古朴的寺庙和佛塔，特别是在第一大城市仰光，更是宝塔林立，所以缅甸也被称作“千塔之国”。悠久的历史和佛教的魅力，使得越来越多的人开始对缅甸感兴趣，每年会有世界各地的游客来到这里。

地理

缅甸位于中南半岛西部，北部和西北部分别和中国的西藏自治区与云南省相接，东部则与老挝、泰国毗邻，西部则连接孟加拉国和印度。它就好像一块钻石一样镶嵌在这里，优美的自然风光与宜人的气候到处都流露着质朴的感觉。

气候

缅甸大部分属于热带季风气候，每年的1月是全年气温最低的时候，而4月则是最热的季节，一年四季的平均气温在27℃，年降水量则因地而异，从500毫米到5000毫米不等。

区划

缅甸共分伊洛瓦底省、勃固省、马圭省、曼德勒省、实皆省、德林达依省、仰光省等7个省，钦邦、克钦邦、克耶邦、克伦邦、孟邦、若开邦、掸邦等7个邦和内比都联邦特区。

人口、国花和国鸟

缅甸总人口为5149万，国花为龙船花，国鸟为灰孔雀雉。

2 交通

飞机

目前，绝大部分国际航班都在仰光机场着陆。最常见的线路是经由曼谷飞达缅甸，单程机票为90~100美元，有时能买到打折票。另外，从昆明、加尔各答、德里、达卡、香港、吉隆坡和新加坡都有航班到达缅甸。清迈和昆明也有直飞缅甸曼德勒机场的航班。

1.云南昆明—仰光、昆明—曼德勒，有直航飞机，每天都有，单程约300美元（约2000元人民币）；

2.曼谷—仰光：网上购买廉价的亚洲航空机票，需要有信用卡（他人可代购，凭自行打印的电子机票即可），提前1个月购买，单程最低可买到约350元人民币的机票；若时间充裕，可中间间隔几天。

飞机上会给入境卡填写护照上的信息，到达机场入境验护照时用。

缅甸有四家航空公司开通了国内各主要城市的航线，分别是Air Bagan、Myanma Airways、Yangon Airways和曼德勒航空公司，其中Myanma Airways 是政府经营的公司，票价低于其他航空公司，但飞机破旧，航班也不准时。

机场交通

到达机场，如果预先有人接最好，没人接机，不要理会搭讪的人，到外面打的士（19公里，6000~7000缅币，合约70元人民币，或10美元），或者找巴士（通常是有座位的卡车）。

轮船

缅甸有约8000公里的河运线路。轮船即使在旱季也能从三角洲地区向北到达八莫 (Bhamo) ,在雨季能到达依洛瓦底江 (Ayeyarwady) 的密支那 (Myityina) 。其他重要的河流包括连接依洛瓦底江和仰光的Twante Canal运河，以及在蒲甘以北不远处汇入依洛瓦底江的

钦敦河 (Chindwin) 。船运最大的缺点就是速度慢：船运时间是陆路的3~4倍。

最棒的长途水运路线，如季节允许，可从曼德勒以北的八莫或者密支那向南漂流而下。最棒的短途线路则是乘船观看毛淡棉 (Mawlamyine) 和帕安 (Hpa - An) 之间的景色。

公交

在大城市（仰光、曼德勒、勃生和毛淡棉），主要干道一般都有公共汽车运行，每次乘车价格为10~100基亚。

皮卡车

乘坐带有长座位的货车 （名称有pick-up、lain-ka或hi-lux），几乎可以到达缅甸任何地方。客满才会出发，而且频繁停车。皮卡车比公共汽车便宜。通常你若多支付一半票价就可以和司机一起坐在驾驶室内。而旅游时间弹性极大。

Tuk Tuk

街上的交通情况良好时，Tuk Tuk车可说是一种很不错的交通工具，缅甸政府规定在凌晨12点至翌日早上10点间三轮车不能够在各主要街道上行驶。三轮车的计费方式大约是一公里缅币10元。

马车

乘马车游蒲甘是最浪漫的游览方式，仿佛回到千年前，也最方便，因为马车夫会帮你安排行程，当然你也可以告诉车夫你想看的景点。一天约6美元，可坐四人，分摊费用，其实十分划算。

3 旅行常识

货币兑换

缅甸通用货币为基亚(Kyat)，发音为“价”。面额有10000、5000、1000、500、200、100、50、20、10。美元非常流通，交通、住宿都可以用美元结算，需特别注意的是，缅甸人只接受干净而没有污迹的美元。

时差

比中国晚1个小时。

语言

缅甸的官方语言是缅甸语，少数地方使用中文。

住宿

自从缅甸的旅馆业民营化后，仰光的饭店和旅社如雨后春笋般相继出现，价格竞争非常激烈。市区内有很多价格合理的饭店和旅馆，饮食和交通都十分便利。在缅甸的各大城市和旅游区都有很好的酒店，从三星级到五星级不等，大多是外商投资修建的。比较有特色的是在海边没有高楼的酒店，几乎全是木制的小别墅，所以要提前慎重选择。

通讯

在老挝，如果你有手机，买个老挝的手机卡即可。手机卡价格6美金。老挝打电话到中国，一分钟2000缅币。拨打方式：86+手机号码，或者86+区号（0去除）+固定电话号码。

最佳旅游时节

缅甸属热带季风性气候，年平均气温27℃。一年可分为凉、干、雨三季，最适宜旅游的是凉季，即每年10月至次年2月间，这时天气晴朗、阳光充足，也是旅游的旺季。从2月中旬开始，天气越来越热，开始进入干季，3~5月气温最高，月平均气温在30℃以上，甚至到达40℃。每年6月后进入雨季，7、8月常有瓢泼大雨，一直到10月中旬雨季结束。

禁忌

缅甸是一个人人都信仰佛教的国家，到处可见的是佛塔，寺庙众多，缅甸人一般都喜欢安静的地方，只要他们有时间，就会去这里的佛塔内烧香拜佛。在寺庙必须脱鞋，因为在缅甸人的心里，神像是不可触碰的，是圣洁的，而鞋子是脏的，不能沾染佛像。这是对佛祖的一种敬重。不管你和缅甸朋友有多么亲密，也一定不能够去触摸小孩的头部，因为那里是最为高贵的地方。缅甸是非常注重礼节的民族，行止坐卧、进食、就寝、接待客人都有一整套的礼节，对老年人特别尊敬。缅甸人多行合十礼，在外交场合行握手礼。在重要场合，城里人均用刀、叉、勺进食。缅甸佛家人绝对不能杀生，但可以食肉滋养身体，这是与其他佛国所不同的。缅甸以乌鸦为神鸟，不能捕捉和伤害，牛在缅甸也被视为神物，任其游逛，不得伤害。

SOUTHEAST ASIA GUIDE

Southeast Asia

畅游东南亚 28

缅甸·仰光

曾经作为缅甸首都的仰光现今依旧是这个国家最大的城市，在这座充满浓郁东方民族色彩的城市里随处可以看到传统白尖顶、黑柏油漆的木屋和金碧辉煌的佛塔、寺院。其中，世界闻名的大金塔流光溢彩，令人印象深刻。

01 仰光大金塔

东南亚三大古迹之一

TIPS

Between U Wisara Road与U Htaung Bo Road交会处, Yangon,Myanmar 乘37、43路公交车可到 8000缅币 ★★★★★

仰光大金塔又称瑞光大金塔，位于仰光市中心，这是一座堪称佛塔极致的建筑。这座金塔建于18世纪，宝塔高98米，浑身被金箔包裹，顶端镶嵌了无数宝石，散发出来的高贵光芒让人简直不能直视。这里是仰光的最高点，巨大的金塔有一种傲视群雄的感觉，外加它造型华贵、巍峨壮观，因此和柬埔寨的吴哥窟、印度尼西亚的婆罗浮屠一起被誉为“东南亚三大古迹”。

02 乔达基塔

缅甸第二大卧佛像

乔达基塔距离仰光大金塔很近，这里是除了勃固大卧佛之外的缅甸最大的卧佛佛像，不过历史上曾经是一座坐佛，1953年时改成了现在的样子。这座卧佛长20米，高5.4米，像中的佛祖以一个很舒适的姿势躺着，神情安详豁达。佛的眼睛用玻璃镶嵌而成，并由一名在当地很著名的华人画家为其点睛，颇有神采。

乘37、43路公交车可到 ★★★★★

03 卡拉威宫 赏

浮在水面上的船形宫殿

卡拉威宫是仰光市内的标志性建筑，虽然名称上听起来像是一座宫殿，实际上却是一条在水中的巨船，这座大船的样子好像一只飞鸟，外观涂漆描金，十分精美。船舱被造成宫殿的式样，绿瓦红墙、气势恢弘。登上卡拉威宫后，会发现这里除了各种精美的装饰外，还提供传统的缅甸美食，此外还有缅甸传统歌舞表演，是体验缅甸传统民俗的最佳选择。

乘37、43路公交车可到 7500缅币 ★★★★★

04 昂山市场 逛

仰光最大的旅游工艺品集散市场

Bogyoke Aung San Road, Yangon ★★★★

昂山市场位于仰光市中心，以缅甸历史上最著名的“独立之父”昂山将军的名字命名，是仰光最大的旅游工艺品集散市场。这里是每个来缅甸旅游的人必去的地方。市场里拥有2000多家经营各种旅游工艺品的商铺，分为服装、手工艺品、宝玉石区、海鲜果蔬、家电等八大区域。因为市场规模极大，一般人恐怕要花上四五个小时才能粗粗逛一遍，所以来之前可要做好充分准备。

05 司雷宝塔

仰光城的起点

Ground Maha Bandoola Rd, Yangon (95-1)

★★★★★

司雷宝塔位于仰光市中心一处相对僻静的地方，宝塔高47米，通体涂金，据说建于2000多年前，并以当时的保护神司雷的名字命名。在仰光一直都有“先有司雷塔，后有仰光城”的说法，据说仰光的道路就是从这座宝塔发散开去，辐射到四周的。佛塔周围有很多精美的雕塑，其中最著名的当数缅甸的生肖塑像，在这里生肖分成8个，从周一到周日各不相同，其中周三按上午和下午分成两个生肖。人们如果在自己的生肖前膜拜，可以得到好运。

06 和平塔

赏

祈求世界和平的宝塔

和平塔位于仰光北部，建于1952年，是仰光最年轻的一座大型宝塔。这座塔的底座十分庞大，共分5个出口，每个出口处都竖立着一座巨大的佛像，给人以一种庄严肃穆的感觉。而宝塔中间则是高高的涂金尖顶，在阳光下发出耀眼的光芒。宝塔内部中空，存放着很多佛龛，佛龛内存放着28尊小型佛像。当时建造这座宝塔是为了祈求世界和平，因此仰光也有“和平城”的美誉。

TIPS

Kaba Aye Pagoda, Yangon, Yangon Division, Burma　20缅币

★★★★

07 茵雅湖

仰光市内最大的湖泊

TIPS

仰光北部 乘51、52路公交车在茵雅湖下 ★★★★

茵雅湖是仰光市内最大的湖泊，它坐落于市区北侧，沿湖生长着不少绿色植物，风景十分优美，让每一个来到这里的人都流连忘返。这里的自然环境保存完好，经常可以看到燕子飞过，当地人也称其为燕子湖。来到湖边，纵目四望，见不到一点人类活动的痕迹，只有那碧波荡漾的湖面和四面环绕的绿树，让人觉得身体都被大自然过滤了一般，很是惬意。

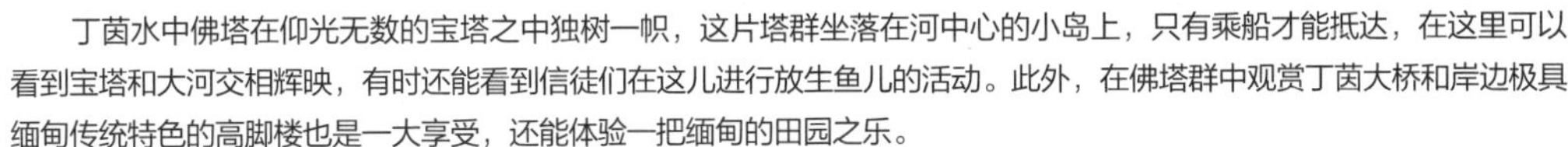

08 丁茵水中佛塔

独树一帜的水中宝塔

丁茵水中佛塔在仰光无数的宝塔之中独树一帜，这片塔群坐落在河中心的小岛上，只有乘船才能抵达，在这里可以看到宝塔和大河交相辉映，有时还能看到信徒们在这儿进行放生鱼儿的活动。此外，在佛塔群中观赏丁茵大桥和岸边极具缅甸传统特色的高脚楼也是一大享受，还能体验一把缅甸的田园之乐。

TIPS

仰光乘出租车可到 ★★★★★

SOUTHEAST ASIA GUIDE

Southeast Asia

畅游东南亚

29

缅甸 · 其他

01 曼德勒王宫 赏

贡榜王朝的王宫

Kye-Mhon Bridge, Mandalay ¥15000缅币 ★★★★★

曼德勒王宫是缅甸最后一个王朝贡榜王朝的王宫，曾经毁于“二战”的战火，战后又被重建起来。王宫呈正方形，有4道正门、8道边门，外面是宽阔的护城河。王宫里共有大小104座宫殿，都是用柚木建成，十分耐用，整体以红色为主，更显出王室的奢华气派。这里最受人们欢迎的地方当数望塔和博物馆，在望塔上可以尽览王宫全貌；而博物馆里则陈列着无数王室遗物，还有很多精美的艺术品。

02 马哈牟尼佛塔 赏

缅甸最著名的寺院之一

马哈牟尼佛塔也称大金佛塔，是缅甸最著名的寺院之一。这里最著名的当数正殿之中供奉的巨大佛祖坐像，这座塑像是用青铜铸成，高4米，浑身施以金箔，显得气势非凡。而且这座佛像据说是释迦牟尼本人开光的，因此具有极为重要的意义，也被人当做佛祖的真身而敬仰。此外，佛塔周围还有包括狮子、大象等的雕塑，据说这些塑像都有治病的功效，很受当地人崇敬。

Mawlamyine ¥15000缅币 ★★★★★

03 曼德勒山

缅甸最著名的佛教圣地

Mandalay Hill　15000缅币

★★★★★

曼德勒山位于曼德勒以北，也被称作罗刹女山，是缅甸最著名的佛教圣地。这座山并不高，海拔仅有236米，但是这里位于市区之畔，伊洛瓦底江从山脚蜿蜒而过，高山流水相映成趣。人们可以乘坐缆车或者步行来到山顶。如果步行的话，在半山腰还能看到一座古寺，据说这里珍藏着三枚佛祖舍利，十分珍贵。来到山顶，极目四望，宏伟的王宫和巨大的佛塔都在脚下，让人生出无限豪迈的感觉。

04 固都陶佛塔

世界上最大的一部书

62nd Street, Mandalay　7500缅币　★★★★★

固都陶佛塔位于曼德勒山脚下，是一座典型的东南亚地区佛塔建筑。早在1857年这座宝塔完工时，来自缅甸各地和东南亚其他国家的2400名高僧在这里会聚，一起修订佛经，并将这些成果雕刻在729方石碑之上，因此这些石碑就成为世界上最大的一部书。据说如果一个人每天读8小时的话，那么需要450天才能全部读完，可见其数量庞大。

05 阿马拉布拉古城

贡榜王朝的古都

TIPS

曼德勒84街与30街交会处，乘皮卡车可到 ¥15000缅币 ★★★★★

阿马拉布拉古城位于曼德勒城北方，曾经是古老的贡榜王朝的首都所在。这是一处拥有悠久历史的古老城市，有不少值得一看的文化古迹，其中帕托道奇寺、皎多枝宝塔、当敏枝大佛等佛教遗迹是这里最引以为豪的建筑，还有美丽的当德曼湖风光在诱惑着每一个来这里的游客，可以说是一处集自然风光和人文历史于一体的旅游胜地。

✱ 乌本桥

世界上最长的木桥

位于阿马拉布拉古城内的乌本桥可以说是世界上最著名的木桥之一，这座桥全长1200多米，横跨在当德曼湖上，桥身用珍贵的柚木制成，因此经久耐用。据说缅甸的年轻男女在恋爱时都会登上这座桥梁，祈求能永远幸福，所以这座桥也就有了“爱情桥”的名字。

06 因瓦古城

草木中映衬出的田园风光

TIPS

曼德勒包车可到 15000缅币

★★★★★

因瓦古城是缅甸历史上著名的因瓦王朝的首都，在长达400多年的历史上一直都是缅甸最重要的城市。不过，因为战火，这里很多建筑都被破坏了，人们只能在郁郁葱葱的草木之间看到那些残垣断壁，更显出一丝沧桑感。游人可以乘坐马车在这座古城里漫游，看着四处绿色的农田和金色的佛塔交织成令人赞叹的田园风光。

07 敏贡古城

看未能完工的世界最大砖塔

TIPS

Mingun 曼德勒26街乘船可到 4500缅币 ★★★★★

敏贡古城也是曼德勒附近一座具有悠久历史的城市，这里最出名的当数那些样式各异的佛教建筑。其中最著名的要数缅甸国王孟云为他的王后建造的一座大佛塔，这是世界上最大的砖砌建筑，因为工程过于浩大，最后未能完成。如今这座白色巨塔只剩下一个巨大的塔基，让人们凭吊叹息。此外，这里还有一口敏贡大钟，高8米、直径5米、重90.55吨，是世界上仍在使用的最大的钟之一。

08 实皆古城

造型别致的贡慕都佛塔

Sagaing　曼德勒乘8路公交车可到　4500缅币

★★★★★

实皆古城在18世纪时是掸族王朝的首都，这里最著名的景点是贡慕都佛塔，因为这座佛塔造型很像女子的胸部，所以也被人称作“乳塔”。这座宝塔浑身雪白，顶上有一个金色宝顶，在很远的地方就能看到，是城中最醒目的标志。在塔里供奉着一座佛祖的金像，据说使用了和当时国王身体一样重的黄金铸成，极为珍贵，是这里的镇塔之宝。

09 瑞西光塔

赏

蒲甘塔群中唯一的石砌建筑

瑞西光塔是著名的蒲甘塔群中最著名的宝塔之一，这座佛塔是蒲甘诸塔之中唯一使用石头砌成的建筑。而且宝塔浑身被黄金包裹，在阳光的照射下发出耀眼的光芒，比起仰光大金塔来有过之而无不及。这座塔是蒲甘王朝最伟大的阿奴律陀王在位时期所建的，至今已经有近1000年的历史了，塔里珍藏着佛牙和佛骨舍利，与仰光大金塔并列为缅甸四大圣塔。

Shwezigon Paya, Nyaung-U　★★★★★

10 波巴山

纳特神教的圣山

波巴山是位于蒲甘平原上的一座高峰，海拔1500多米，是当地信仰纳特神教的人们心目中的圣山，是神出没的地方。人们可以通过开凿在山壁上的700多级石阶登上山峰，沿路有各种奇花异草，不时有小动物出没。登临山顶之后，可以看到这里的寺庙，庙内供奉着当地人信奉的纳特神，一年四季香火很旺盛。

TIPS

Mt. Popa National Park Mandalay　★★★★

11 瑞摩都佛塔 赏

缅甸最高的佛塔

位于缅甸古都勃固的瑞摩都佛塔是缅甸最高的佛塔，这里正对着宏伟的勃固王宫，是缅甸古代最重要的宝塔之一。这尊宝塔高114米，比缅甸最著名的仰光大金塔还要高4米，而且浑身贴金，巨大的金顶高耸入云，气势非凡。这里是勃固的佛教中心，每年要进行多种节日庆典活动，非常热闹。

Shwemawdaw Pagoda, Payagyi, Bago, Burma

★★★★★

12 宾德亚石窟 赏

拥有1万尊佛像的石窟

宾德亚石窟是缅甸的一处大型佛教石窟，这里临近风光旖旎的因莱湖，所有的石质佛像都开凿在山间的洞窟之内，共有大大小小近1万尊佛像，个个做工精湛，浑身镀金，使得整个洞窟金光闪闪，堪称少见的奇景。石窟附近还居住着少数民族德奴族与布窝族，那种原始淳朴的少数民族风情也是吸引各方游客的原因之一。

Pindaya Caves, Pingdaya ★★★★★

13 妙乌锡东寺 赏

妙乌保存最为完好的古代建筑

妙乌锡东寺是当地保存最为完好的古代建筑，与其说它是一座寺庙，不如说是一座城堡。这里的墙壁都是灰黑色，回廊窄小而多岔路，就好像一个迷宫，与妙乌其他地方那种红墙金瓦的风格截然不同。寺内共保存着8万多尊佛像，所以这里也被人们直接称为8万尊佛像寺。

Mrauk U ★★★★★

索引 INDEX

畅游东南亚 SOUTHEAST ASIA

A

B

T

W

X

Y

Z

考拉旅行书目，带您乐游全球！

攻略系列！

畅游系列！

更多图书
敬请期待……

考拉旅行书目，带您乐游全球！

畅游系列！

更多图书
敬请期待……

图书在版编目（CIP）数据

畅游东南亚 / 《畅游东南亚》编辑部编著. --2版.-- 北京：华夏出版社，2019. 9

ISBN 978-7-5080-9740-4

Ⅰ. ①畅… Ⅱ. ①畅… Ⅲ. ①旅游指南－东南亚 Ⅳ. ① K933.09

中国版本图书馆 CIP 数据核字（2019）第 066611 号

畅游东南亚

作　　者　《畅游东南亚》编辑部
责任编辑　杨小英
责任印制　刘　洋

出版发行　华夏出版社
经　　销　新华书店
印　　装　北京市华宇信诺印刷有限公司
版　　次　2019年9月北京第2版　2019年9月北京第1次印刷
开　　本　720×920　1/16开
印　　张　18
字　　数　300千字
定　　价　78.00元

华夏出版社　网址：www.hxph.com.cn　地址：北京市东直门外香河园北里4号　邮编：100028
若发现本版图书有印装质量问题，请与我社营销中心联系调换。　电话：（010）64663331（转）